essentials

essentials liefern aktuelles Wissen in konzentrierter Form. Die Essenz dessen, worauf es als „State-of-the-Art" in der gegenwärtigen Fachdiskussion oder in der Praxis ankommt. *essentials* informieren schnell, unkompliziert und verständlich

- als Einführung in ein aktuelles Thema aus Ihrem Fachgebiet
- als Einstieg in ein für Sie noch unbekanntes Themenfeld
- als Einblick, um zum Thema mitreden zu können

Die Bücher in elektronischer und gedruckter Form bringen das Expertenwissen von Springer-Fachautoren kompakt zur Darstellung. Sie sind besonders für die Nutzung als eBook auf Tablet-PCs, eBook-Readern und Smartphones geeignet. *essentials:* Wissensbausteine aus den Wirtschafts-, Sozial- und Geisteswissenschaften, aus Technik und Naturwissenschaften sowie aus Medizin, Psychologie und Gesundheitsberufen. Von renommierten Autoren aller Springer-Verlagsmarken.

Weitere Bände in dieser Reihe http://www.springer.com/series/13088

Jan Lies

Die Digitalisierung der Kommunikation im Mittelstand

Auswirkungen von Marketing 4.0

 Springer Gabler

Jan Lies
FOM Hochschule für
Oekonomie & Management
Hochschulzentrum Dortmund
Dortmund, Deutschland

ISSN 2197-6708   ISSN 2197-6716   (electronic)
essentials
ISBN 978-3-658-17364-7   ISBN 978-3-658-17365-4   (eBook)
DOI 10.1007/978-3-658-17365-4

Die Deutsche Nationalbibliothek verzeichnet diese Publikation in der Deutschen Nationalbiblio-
grafie; detaillierte bibliografische Daten sind im Internet über http://dnb.d-nb.de abrufbar.

Springer Gabler
© Springer Fachmedien Wiesbaden GmbH 2017

Gedruckt auf säurefreiem und chlorfrei gebleichtem Papier

Springer Gabler ist Teil von Springer Nature
Die eingetragene Gesellschaft ist Springer Fachmedien Wiesbaden GmbH
Die Anschrift der Gesellschaft ist: Abraham-Lincoln-Str. 46, 65189 Wiesbaden, Germany

Was Sie in diesem *essential* finden können

- Marketing 4.0
- Mittelstandskommunikation
- Marketing-Mix
- Die Annäherung von Marketing und PR

Inhaltsverzeichnis

Marketing 4.0 als Mittelstandskommunikation

Dieses *essential* thematisiert **vier zentrale Entwicklungen,** die tatsächlich oder auch nur vordergründig die Praxis und Theorie von Marketing und Unternehmenskommunikation prägen:

Prägende Entwicklungen von Marketing und Unternehmenskommunikation

- **Thema 1 – Marketing 4.0:**
  - Was ist Marketing 4.0?
  - Diese synthetische Bezeichnung folgt der **Software-Versionierung,** die sich mit der Zusammenfassung prägender Trends im Internet unter den Begriffen **Web 1.0/Web 2.0** in vielen Bereichen der Wirtschaft etabliert hat.
  - Die Kennzeichnung Marketing 4.0 folgt hier der Versionierung im Anschluss an Kotler, der mit dem Marketing 3.0 die Notwendigkeit des **menschenzentrierten Marketings** betont, und lehnt sich zugleich an die Digitalisierung der Industrie an, der mit Industrie 4.0 aktuell diskutiert wird.

- **Thema 2 – Mittelstandskommunikation:**
  - In der Literatur werden die Besonderheiten der **Mittelstandskommunikation eher als Randnotiz** bearbeitet. Dies steht der Wirtschaftsleistung entgegen, die maßgeblich vom Mittelstand geprägt ist.
  - Wie relevant ist Unternehmenskommunikation für den Mittelstand und wie wird sie angewendet? Ist die Digitalisierung der

© Springer Fachmedien Wiesbaden GmbH 2017
J. Lies, *Die Digitalisierung der Kommunikation im Mittelstand,*
essentials, DOI 10.1007/978-3-658-17365-4_1

Unternehmenskommunikation für den Mittelstand maßgeblich? Ist sie **Fakt oder Fiktion?**

– Hierbei wird die Kennzeichnung des Instituts für Mittelstandsforschung in Bonn übernommen, das vor allem die Einheit von Eigentum und Leitung als Kennzeichen hervorhebt und die in Abb. 1.1 dargestellten Kennzahlen zur Unterscheidung von kleinsten, kleinen und mittleren Unternehmen nennt.

– Kritisch wird dabei mithilfe diverser Studien hinterfragt, ob Entwicklungen in der Literatur wie Web 3.0, Marketing 3.0 und Industrie 4.0, die in diesem Kontext zu Marketing und PR-Management 4.0 führen, überhaupt angewandt werden.

- **Thema 3 – Marketing-Mix:**
  – Mit der **Menschen- und digitalen Prozessorientierung des Marketings 4.0** gerät der Marketing-Mix ins Fadenkreuz. Seine Rolle und sein Charakter für das strategische und operative Marketing sind unklar.

  – Zudem muss er unvollständig erscheinen, da weder Prozesse noch Menschen oder deren Bedürfnisse im klassischen 4P-Mix – Produkt, Preis, Promotion, Place – einschlägig abgebildet werden. Hier wird daher eine Prozess-Pyramide als verbindlicher Rahmen für die Ausrichtung der Marketingpraxis entwickelt.

Mittelstand und KMU		
Unternehmensgröße	Zahl der Beschäftigten und	Umsatz/Jahr
kleinst	bis 9	bis 2 Millionen
klein	bis 49	bis 10 Millionen
mittel	bis 499	bis 50 Millionen
(KMU) zusammen	unter 500	bis 50 Millionen

Abb. 1.1 Mittelstand als kleine und mittlere Unternehmen (KMU). (Quelle: Institut für Mittelstandsforschung Bonn)

- **Thema 4 – die Annäherung von Marketing und PR:**
  - Eine Begriffsflut aus dem Marketing wie Content-Marketing, Social-Marketing, Hashtag-Marketing oder Mobile Marketing prägt derzeit die Kommunikationspraxis.
  - Solche Handlungsfelder der Kommunikation sind sprachlich zentral mit dem Marketingbegriff verknüpft. Sie arbeiten derzeit aber oftmals **weder markt- noch verkaufsorientiert.**
  - Stattdessen bedienen sie sich der **reputationsbildenden Methode des PR-Managements.** – Pokémon Go als erfolgreiche Spiele-App ist ein aktuelles Beispiel, das stellvertretend für die **Verschmelzung von PR und Marketing** steht (Abb. 1.2).

Das Mobile Marketing, das derzeit zentral von **Apps** geprägt ist, verkauft insgesamt noch relativ wenig, wie Studien zeigen. Das Smartphone hilft bisher eher zufällig, Kunden zu erschließen, zu halten und/oder die Reputation bei relevanten Zielgruppen zu steigern. Stattdessen dienen viele Apps heute tatsächlich eher dem Bekanntheitsaufbau und/oder der Imagepflege. Dies allerdings sind ausgewiesene PR- oder Unternehmenskommunikationsexpertisen.

♠ Handelsblatt   **Digitalpass** JETZT 4 WOCHEN GRATIS TESTEN   **ⓕ**

Digitalpass Finanzen   Unternehmen   Politik   Technik   Auto   Sport   Pan

SPARKASSEN UND VOLKSBANKEN

Die Monster, die die Banken riefen

von: Martin Dowideit
Datum: 25.07.2016 11:11 Uhr

Jugendliche zapfen an einer Sparkassen Strom ab, um ununterbrochen Pokémon Go spielen zu können. Die Polizei unterbindet den Streich. Doch Banken machen vor, wie der Hype um das Spiel tot geglaubte Filialen beleben kann.

Abb. 1.2 Pokémon Go zur Belebung von Bankfilialen. (Quelle: www.handelsblatt.com, 25.07.2016)

Methodisch nähert sich das Marketing also der PR an. Mit dem Social-Media-Marketing heißt es plötzlich: „Content is King." Hier setzt sich derzeit die Erkenntnis durch, dass die angebotenen Inhalte den Nutzer interessieren und idealerweise begeistern müssen. Diese Erkenntnis ist in der Unternehmenskommunikation allerdings nicht wirklich neu, sondern schon immer eine Kernanforderung beispielsweise der Pressearbeit oder der Event-Kommunikation gewesen. – Pokémon Go steht für eine digitale Verschmelzung von PR und Marketing.

▷ **Das heißt** Marketing ist in vielen digital getriebenen Marketing-Disziplinen eigentlich gar nicht Marketing, sondern **PR-Management.** Mit Marketing 4.0 findet eine methodische Integration von Marketing und PR statt.

1.1   Relevanz der Mittelstandskommunikation

Die Relevanz als Maßgeblichkeit von Mittelstandskommunikation für Unternehmen ergibt sich aus mindestens zwei Blickwinkeln:

- Die Relevanz von Mittelstandskommunikation als **Akzeptanz durch das Management**
- Die Relevanz von Mittelstandskommunikation **als fortschreitende Digitalisierung** und damit als Wettbewerbsfaktor

Im Folgenden geht es zunächst um Relevanz im Sinne von **Akzeptanz durch das Management:** Die Ausrichtung und der Stellenwert von Mittelstandskommunikation sind erklärungsbedürftig, da viele kleine und mittlere Unternehmen weder über Marketing- oder Kommunikationsabteilungen verfügen noch ausgewiesene Budgets hierfür vorhalten.

▷ Mittelstandskommunikation als Marketingkommunikation arbeitet herkömmlich marktorientiert und zielt auf Bekanntheitssteigerung und Abverkauf. Sie entspricht damit der Kernkompetenz des Marketings.

Die Abgrenzung von Marketing und Unternehmenskommunikation war schon immer unscharf:

- **Herkömmliches Marketing** meint hier sowohl das kundenorientierte Management als auch die verkaufsorientierte Kommunikation. Sie wird hier als Handlungsfeld der Unternehmenskommunikation aufgefasst.
- Die **Unternehmenskommunikation** als PR im weiteren Sinne gilt hier als übergeordnetes Handlungsfeld, das für die Ansprache aller Stakeholder verantwortlich ist und Kunden als eine Zielgruppe umfasst (Lies 2015a, S. 5).

Die Unternehmenskommunikation ist im Mittelstand **nur in Ansätzen institutionalisiert.** Das ergibt die Studie Mittelstandskommunikation bei 310 Befragten in mittelständischen Unternehmen (Zerfaß et al. 2015, S. 5 ff):

- Nur bei zwei Dritteln (63 %) aller Mittelstandsunternehmen hat aktive Kommunikationsarbeit einen hohen Stellenwert und nur 29,7 % der Befragten berichten von einer uneingeschränkt hohen internen Akzeptanz.
- Dennoch schreiben 77 % der Befragten der Kommunikation eine hohe Bedeutung für den Unternehmenserfolg zu.

Nimmt man die Höhe von (Marketing-)**Budgets** als Relevanzmaßstab, ergibt sich folgendes Bild:

- 40 % der befragten Unternehmen verfügen weder über eine eigene Kommunikationsabteilung noch über ein Kommunikationsbudget (Zerfaß et al. 2015, S. 5 ff.).
- Zwischen 1000 und 5000 EUR geben kleine und mittlere Unternehmen pro Jahr für Marketing und Werbung aus (Telegate 2011, S. 12)

Vor dem Hintergrund dieser praktisch zurückhaltenden Unternehmens- und Marketingkommunikation des Mittelstands richtet sich das folgende Interesse darauf, ob und inwieweit das Marketing 4.0 Relevanz im Sinne der **Anwendung** im Mittelstand hat.

1.2 Die digitale Transformation des Mittelstands

„Die Digitale Revolution steht nicht bevor, sondern sie entfaltet in vielen Bereichen schon die Kraft der schöpferischen Zerstörung" (Kreutzer 2015, S. 3). – Oder: „Die digitale Transformation ändert alles (…). Ganze Geschäftsfelder werden in digitale Produkte umgewandelt oder zumindest in erheblicher Weise mit digitalen Services verknüpft" (Even 2015). – So oder so ähnlich wird die digitale Transformation derzeit oft beschrieben. Im produzierenden Mittelstand führt sie zu der Phase „Industrie 4.0". Was genau die so genannte **„digitale Transformation"** ist und wie weit sie gediehen ist, wird derzeit intensiv diskutiert. Einen Vorschlag zur Kennzeichnung von Digitalisierung macht eine Studie von KfW/ZEW (Abb. 1.3).

Die Studie von KfW/ZEW mit einer Befragung bei rund 2000 Unternehmen mit mindestens fünf Mitarbeitern und einen Umsatz unter 500 Mio. EUR aus den Jahren 2015/2016 zielte auf die Frage ab, ob und inwieweit die Digitalisierung den Mittelstand tatsächlich erreicht hat: Dabei werden drei Stufen unterschieden:

- **Stufe 1:** die grundlegende Digitalisierung
- **Stufe 2:** die vernetzte Information und Kommunikation
- **Stufe 3:** sowie die Vernetzung von Produkten und Diensten

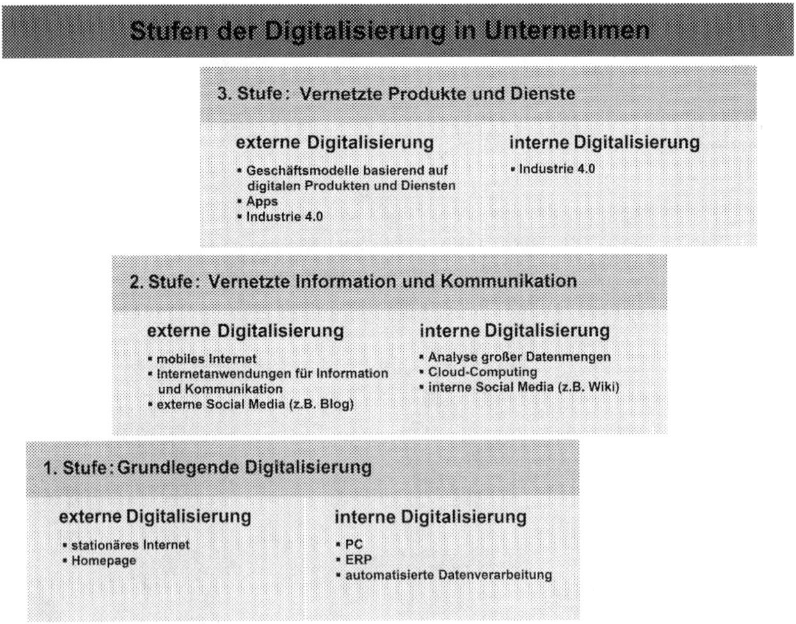

Abb. 1.3 Die internen und externen Digitalisierungsstufen von Unternehmen. (Quelle: Saam et al. 2016, S. 10)

Die **erste Stufe** meint letztlich den Einstieg in die Big-Data-Diskussion, also die Analyse von Massendaten, wie beispielsweise Kaufverhaltensdaten, Preisinformationen oder Verkaufszahlen des Vertriebs. Die **zweite Stufe** prägt aus Marketing-Sicht die Marketing-Automation, die im Folgenden noch aufgegriffen wird. Die **dritte Stufe** wird aus Sicht produzierender Unternehmen unter dem Stichwort „Industrie 4.0" diskutiert und tatsächlich bereits umgesetzt – wenn auch nur in Anfängen, wie die Untersuchung zeigt.

Zur Stufe 1: Insgesamt geben 19 % der deutschen Mittelständler in der zitierten Studie an, zur strategischen Unterstützung des Geschäftsbetriebs große Mengen an Daten systematisch auszuwerten, also **Big-Data-Management** zu betreiben (Saam et al. 2016, S. 17). Siehe dazu auch Abb. 1.4.

Zur Stufe 2: Zu den Anwendungen, die die Stufe digital vernetzter Information und Kommunikation charakterisieren, zählen außerdem **Social-Media-Anwendungen** und weitere Internetanwendungen wie die Nutzung von Online-Werbung: Auch hier zeigt sich, dass die Digitalisierung fortschreitet: Die Stufe 2 mit der vernetzten Information und Kommunikation hat nur oder immerhin ein Viertel der Unternehmen als Teil einer unternehmensweiten Strategie erreicht (Saam et al. 2016, S. 14 f.). Damit ist nicht nur die reine Übermittlung von Information über ein Netzwerk gemeint, die im Prinzip seit Beginn der

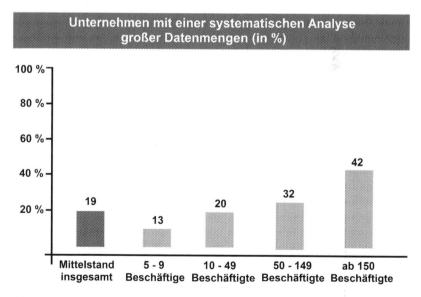

Abb. 1.4 Hinweise zur Stufe 1 – Analyse von Big Data. (Quelle: Saam et al. 2016, S. 18)

Computer in Büros möglich ist. Vielmehr ist die komplexe digitale Verknüpfung zwischen unterschiedlichen Informationen oder Kommunikationsakten damit erreicht. Hier beginnt die **digitale Marketing-Automation.** Beim Einsatz von Social Media findet Kommunikation nicht nur durch lineare Übermittlung von Nachrichten statt, sondern es entstehen Bezüge zwischen den Beiträgen mehrerer Personen oder zwischen Beiträgen und Produkten. Aber auch der Einsatz von CRM-Lösungen für das Kundenmanagement, beispielsweise zur Bearbeitung von Beschwerden, oder das Contentmanagement zur kanalübergreifenden Steuerung von Inhalten wie für Websites, Newsletter und interaktiven Schaufenstern würde hierhin gehören. Siehe dazu auch Abb. 1.5.

Zur 3. Stufe: Hinweise für die dritte Stufe der Digitalisierung ergeben sich, indem im Marketing nach der Digitalisierung des Geschäftsmodells mit der digitalen Produktion und/oder dem digitalen Kaufprozess gefragt wird. Siehe dazu auch Abb. 1.6.

Aus Sicht von Unternehmenskommunikation und Marketing wären also Geschäftsmodelle, deren Kern von digitalisierten Verkaufs- und Vertriebsprozessen sowie -funktionen geprägt ist, hier maßgeblich. Amazon, Zalando, aber auch die Online-Shops von Einzelhändlern wären Ausdruck dieser Stufe.

▷ **Alle drei Stufen der Digitalisierung prägen die Marketing und Unternehmenskommunikation** Die Digitalisierung als Marketing 4.0 findet auf allen drei Stufen statt.

Abb. 1.5 Hinweise zur Stufe 2 – digitalisierte Information und Kommunikation. (Quelle: Saam et al. 2016, S. 19)

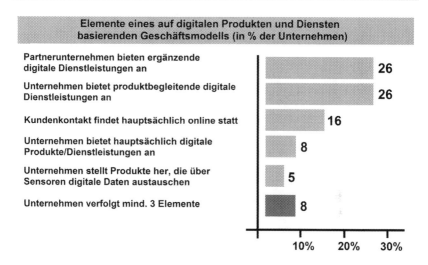

Abb. 1.6 Hinweise zur Stufe 3 – digitalisierte Geschäftsmodelle. (Quelle: Saam et al. 2016, S. 22)

1.3 Die Digitalisierung von Marketing und Kommunikation

Entlang der Stufen der Digitalisierung ergeben sich fünf Handlungsfelder, die die Relevanz der Digitalisierung für Marketing und Unternehmenskommunikation verdeutlichen (siehe Abb. 1.7). Sie machen zugleich klar, dass das Stufenmodell der Digitalisierung branchenübergreifend eine **Durchdringung mit digitalen Technologien** beschreibt, die je nach Unternehmen aber keine zeitliche Entwicklung des Marketings oder der Unternehmenskommunikation insgesamt darstellen kann. Vielmehr wird es große Unterschiede je nach Branche und je nach Geschäftsmodell geben und damit dem IT-Marketing unterschiedliche Akzente verleihen.

Ein Unternehmen, dessen Geschäftsmodell sowieso digital ist, beginnt in Stufe 3. Vielleicht entwickelt es sich sogar „rückwärts", indem dieses Unternehmen Filialen eröffnet und damit „entdigitalisiert". Umgekehrt gilt aber auch, dass vollständig offline und nicht-digital organisierte Unternehmen wie Handwerker oder Einzelhandelsgeschäfte hochgradig vom Internet beeinflusst sein können, wenn sie etwa in den Trefferlisten von Suchmaschinen nicht gelistet werden.

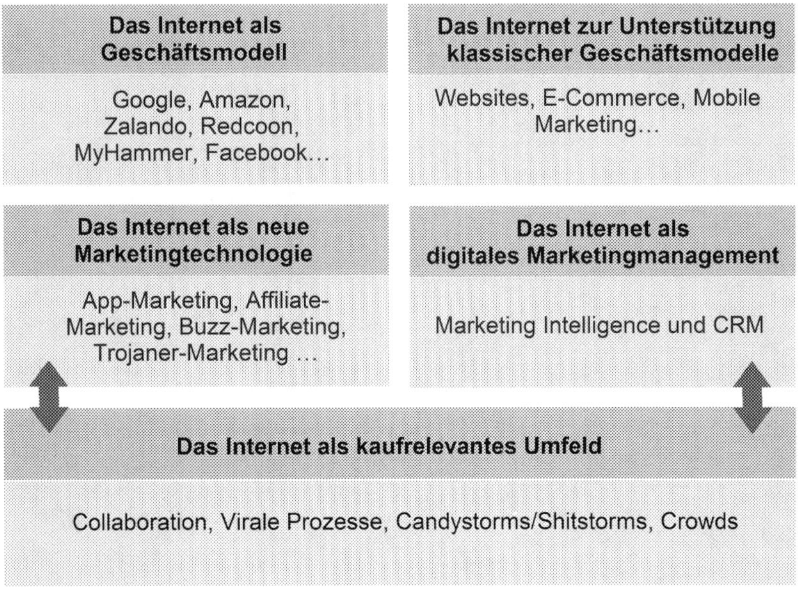

Das Internet als Geschäftsmodell	Das Internet zur Unterstützung klassischer Geschäftsmodelle
Google, Amazon, Zalando, Redcoon, MyHammer, Facebook…	Websites, E-Commerce, Mobile Marketing…

Das Internet als neue Marketingtechnologie	Das Internet als digitales Marketingmanagement
App-Marketing, Affiliate-Marketing, Buzz-Marketing, Trojaner-Marketing …	Marketing Intelligence und CRM

Das Internet als kaufrelevantes Umfeld

Collaboration, Virale Prozesse, Candystorms/Shitstorms, Crowds

Abb. 1.7 Die Einflüsse des Internets auf das Marketing: IT-Marketing. (Quelle: Eigene Darstellung)

Zugleich heißt „Digitalisierung des Mittelstands" mit der Entwicklung des Internets aber nicht, dass andere Kanäle für den Verkauf heute bedeutungslos wären. Vielmehr handelt es sich oftmals um eine Ausdehnung von Vertriebs- und Kommunikationskanälen: „Vor allem aber fällt so gut wie nichts weg, das heißt, bestehende und neue Kanäle existieren parallel nebeneinander" (Böcker 2015, S. 166). Es findet also mit der Digitalisierung und Nutzung von Online und Mobile eine **Kanalzunahme** statt. Damit ist noch lange nicht gesagt, dass sich die Soll-Zielgruppen auch besser erreichen lassen, wie etwa die lokale Erreichbarkeit von Zielgruppen zeigt.

1.4   Menschenzentrierung: Kunde statt Markt

Marketing 4.0 muss im Sinne von Kotlers Marketing 3.0 den Menschen in den Mittelpunkt rücken. In den Werten müssen Unternehmen ihren Stakeholdern den „human spirit" glaubhaft und nachhaltig vermitteln (Kotler et al. 2010b, S. 4).

▷   **Marketing 4.0: Digitalisierung und Menschenzentrierung** – Die Stufe der Menschenzentrierung geht im Marketing 4.0 nicht unter, sondern muss ein Fokus der Digitalisierung sein.

Für das angewandte Marketing führt das zu den Anforderungen, die sich in den neuen Prinzipien des Marketings wie Dialog, Partizipation und Kollaboration niederschlagen. Damit sind mit dem Stakeholder 4.0 mindestens drei Charakteristika verbunden:

- **Online-Offline-Orientierung (OOO):** Die OOO ist ein Persönlichkeitsmerkmal der so genannten „digital Natives" oder „Millenials" (ca. 40 % der Bevölkerung). Als Generation im Alter von heute etwa 20 bis 30 Jahren unterscheidet diese Generation, die mit dem Smartphone aufwächst, im Wesentlichen nicht zwischen den Offline- und Online-Möglichkeiten in der Customer Journey. Die digital Natives werden von den „digital Immigrants" ergänzt, die neue Technologien erst noch akzeptieren müssen (Mühlenhoff und Hedel 2014, S. 518 f.).
- **Aktive Haltung:** Die Stakeholder sind aktiv und greifen als „Prosumenten" in die Markenkommunikation, indem sie virale Prozesse mitgestalten und „sharen", „liken" oder „posten". Vielleicht greifen sie sogar in die Leistungserstellung ein, indem sie kollaborative Angebote nutzen und sich individuell konfigurierte Produkte bestellen und im Sinne einer interaktiven Wertschöpfung an der Entwicklung von Produkten beteiligen. Diesen Stakeholder 4.0 findet man im Internet zwar insgesamt eher selten, aber es gibt ihn.
- **Späte Kaufentscheidung:** Aus dem Einzelhandel und Instore-Marketing ist bekannt, dass viele Kaufentscheidungen erst im Ladengeschäft/Online-Shop getroffen werden. Damit ist die Customer Journey vom Begriff her eine Illusion. Die Illusion besteht darin, dass die Reise sowieso stets zum Kauf zu führen scheint. Das ist aber falsch. Es ist tatsächlich eine Reise des Stakeholders, von der ein Unternehmen oftmals nicht wissen kann, ob sie überhaupt relevant sein wird, da sie genauso im Nicht-Kauf verbleiben kann. Der Unternehmer kann allerdings versuchen, die Journey in Richtung Kauf zu beeinflussen.
- **Erlebnisorientierung:** Einkaufen ist aus Sicht der angebotenen Leistungen vieler Unternehmen zu einem Teil des Erlebniskonsums geworden. Was genau „Erlebnis" heißt, ist dabei unklar (Schwertfeger 2012, S. 5 ff.). Geht es um das Anfassen und Ausprobieren von Produkten, um das Erleben und Vergleichen kuratierter Sortimente, also das Arrangement und die Präsentation von Angeboten, um das Spiel und/oder Erleben moderner Informationsangebote, um das Gespräch mit dem informierten Verkäufer oder um das Event disneyfizierter Shoppingcenter?

Vermutlich spielt je nach Bedarfslage, Persönlichkeit und Umfeld des Stakeholders jede dieser Kategorien eine gewisse Rolle, die zum Kauf oder Nicht-Kauf führt. Diese Charakteristika muss die Digitalisierung besser bedienen, als dies im Offline-Marketing geleistet wird, wenn Marketing 4.0 ein Fortschritt gegenüber Marketing 3.0 sein will.

1.5   Von Marketing 1.0 bis Marketing 4.0

Die Bezeichnung von Web 2.0 als Kennzeichnung von **anderen** Trends im Internet als in der Phase Web 1.0 hat zu einem Boom von Versionierungen in allen möglichen Bereichen in der Gesellschaft und insbesondere in der Wirtschaft geführt, sodass heute zum Teil bereits von Gesellschaft 4.0 die Rede ist (Biesel 2016, S. 14). Die Versionierung wird dabei auch für das Marketing, weniger aber für das PR-Management (= Unternehmenskommunikation) angewendet.

Die Versionierung von Software hat zur Klassifizierung des Internets in Web 1.0 bis Web 4.0 geführt:

- **Web 1.0:** kennzeichnet den Beginn des browsergestützten Internets und dessen zunehmende Verfügbarkeit. Es war zunächst absendergesteuert. Die Sorge vor dem Verlust der Hoheit über Corporate Messages wie Markenbotschaften begann aber erst ab etwa dem Jahr 2000.
- **Web 2.0:** Das Web 2.0 entwickelte sich erst mit der günstiger werdenden Bandbreite zum Massenmedium. Soziale Prozesse wie Markenbildung oder Kaufklima wurden digital. Die Stakeholder vernetzen sich mit Plattformen wie Facebook, Twitter oder Pinterest. Dieser Wandel besteht von allem im Verlust des Informationsmonopols des Journalismus und seiner damit einhergehenden Finanzierungskrise klassischer Medien – hier vor allen den Zeitungen (Altmeppen und Arnold 2013, S. 60) und zeitgleich der kommunikativen Bedeutung digitaler, sozialer Medien.
- **Web 3.0:** Der Übergang zum Web 3.0 als sprachgesteuertes Internet findet derzeit statt. Kern dieser Entwicklung ist Google Now mit der Sprachsteuerung, die sich mit dem gesprochenen Befehl „ok google" auf dem Smartphone starten lässt.
- **Web 4.0:** Es bezeichnet die interaktiven Wertschöpfungsprozesse durch Kollaboration in digitalen Netzwerken. Die Phase wird von der Automatisierung zentraler Prozesse inner- und außerhalb von Unternehmen flankiert. Sie befindet sich derzeit in der Frühphase.

Diese Versionierung findet sich heute als Joker, um Entwicklungsstufen in allen möglichen Bereichen der Wirtschaft zu beschreiben. Diese Stufen stehen inhaltlich und in ihrer Abgrenzung zunächst nicht miteinander in Bezug, laufen aber mit der 4.0 auf die Integration und Intelligenz auf Basis von digitaler Netzwerksteuerung ihrer jeweiligen Komponenten zusammen, so wie es mit der Version „Industrie 4.0" im Mittelstand gemeint ist. – Man könnte die Versionierung zugleich als Entwicklung auch für Marketing und Public Relations nutzen, da die Entwicklung des Internets die Unternehmenskommunikation mit der Etablierung der Social Media verändert hat. So wird die Entwicklung des Marketings 1.0 bis 4.0 beschrieben (Kotler et al. 2010b, S. 3 ff.). Kotler et al. skizzieren eine Veränderung von der Produkt- zur Menschenzentrierung. Damit ist gemeint, dass heute keine Gewinnmaximierung von Unternehmen mehr möglich ist, sondern nur noch eine Optimierung vor dem Hintergrund gesellschaftlicher Ansprüche. Ähnlich ließe sich Danne interpretieren, wenn sie Marketing 4.0 als Aufbau von Wertegemeinschaften kennzeichnet, in denen Kunden und andere Stakeholder ihre Heimat finden (Danne 2015, S. 138). Hier wird allerdings an die Versionierung von Kotler angeknüpft:

- **Marketing 1.0:** Der Ursprung und die Kernkompetenz des Marketings liegen auf dem Produkt. Hierauf sind die Marketingaktivitäten ausgerichtet, sodass der Markt im Zentrum steht. Das Consumer-Marketing ist bis heute im weiten Teilen der Branche der Kern der Arbeit (ab ca. 1950er Jahre).
- **Marketing 2.0:** Der Schwerpunkt verschiebt sich zum Konsumenten. Unternehmen positionieren sich in Abgrenzung zueinander, weil der Konsument selbstbewusster wird (ab ca. 1970er Jahre).
- **Marketing 3.0:** Hier rückt der Mensch in den Mittelpunkt (Kotler et al. 2016, S. XV). Er ist von Werten bestimmt und handelt in Abhängigkeit von seinem Umfeld. Werte sind dabei auch immateriell und gelten als erstrebenswerte Auffassungen (Mast 2015, S. 81). Nicht die marktorientierte Unternehmensführung, sondern das Kundenmanagement als Menschenzentrierung prägt das Marketing (ab ca. 1980er Jahre).
- **Marketing 4.0:** Hier wird die Digitalisierung und damit die Konvergenz von Technologien in den Mittelpunkt gestellt, ohne dass die vorige Stufe aus dem Blick zu verlieren ist. Dies bedeutet eine Online-Offline-Integration (ab ca. 2010er Jahre) (Kotler et al. 2016, S. 46).

Mit der Versionisierung zeigt sich aber auch der **unterschiedliche theoretische Anteil** der Versionierungsbeispiele: Während es sich bei der Web 3.0 um eine reale Beschreibung der Internetentwicklung handelt, indem auf die zunehmenden Sprachinteraktionsmöglichkeiten mit dem Web verwiesen wird, ist das Marketing 3.0 mit dem Menschen im Mittelpunkt eher eine normative Empfehlung. Dies deuten die vielen Skandale einst renommierter Unternehmen an, die vor allem durch ethische Verstöße – und damit Stakeholder-Missachtung – Aufmerksamkeit erzielen.

Die **Versionierung von PR-Management** ist aus Unternehmenssicht bisher unüblich, da unterschiedliche Situationen eines Unternehmens unterschiedliche Methoden erfordern (Grunig und Hunt 1996, S. 199 ff.) die die Ziele und Merkmale von PR in Unternehmen untersucht haben. Insofern wäre eine Versionierung, die in methodischen, technischen oder funktionalen Epochen denkt, eher irreführend, wenn sie letztlich mit der Bezeichnung 4.0 tatsächlich auch hierin mündet. – Warum ist es kein Widerspruch, wenn dennoch nach solchen Phasen der Unternehmenskommunikation gesucht wird? Zum einen lassen sich im Zeitablauf unterschiedliche inhaltlich-methodische Schwerpunkte in der Unternehmenskommunikation feststellen: So war mit Grunig/Hunt der Publicity-Akzent früher ausgeprägter, während der Dialog-Anteil heute verstärkt zum Einsatz kommt. Zum anderen lässt sich nach prägenden Entwicklungsphasen einer Branche Ausschau halten, die sich in Deutschland nach dem Zweiten Weltkrieg als Startpunkt der sich professionalisierenden PR-Praxis mit einiger Dynamik entwickelt. Solche Phasen der PR in der eher noch jungen PR-Geschichte in Deutschland lassen sich durchaus finden, wie die PR-Geschichtsforschung zeigt (Lies und Vaih-Baur 2015, S. 55 ff.):

- **PR 1.0:** Die PR auf der Suche nach einer Berufs- oder Funktionsbezeichnung („Öffentlichkeitsarbeit", „Reputationsmanagement", „Unternehmenskommunikation"). Sie ist bis heute nicht abgeschlossen, wenn man auf die Entwicklungen im Marketing schaut: Dort steht das Handlungsfeld „Content-Marketing" inhaltlich dafür, dass derzeit PR-Methoden im Marketing aktualisiert werden. Solche Diskussionen prägen die Branche seit der Nachkriegszeit in Deutschland (seit etwa 1950).
- **PR 2.0:** Die Ausdifferenzierung der PR und Zersplitterung in Einzeldisziplinen wie interne Kommunikation, Marken-Kommunikation, Investor-Relations, Event-Kommunikation (seit etwa 1980).
- **PR 3.0:** Die Professionalisierung von PR mit zunehmender Ausstattung von Top-Management-Mandaten, die in die Strategie und Positionierung von Unternehmen mit Kommunikation eingreift (seit etwa 1990).
- **PR/Marketing 4.0:** Die methodische Verschmelzung von Marketing, PR und Werbung, die instrumentell durch die Digitalisierung der Zielgruppenansprache

getrieben wird. Content-Marketing steht als Speerspitze dieser Entwicklung, da die Erkenntnis, dass „Content King" ist, vielleicht im Marketing, aber nicht in der PR neu ist. Diese methodisch wachsende Anforderung an die Inhalte von PR und Marketing wird durch die Zeile „Edutainment" in der Tabelle dargestellt (vgl. Tab. 1.1).

Die **Verschmelzung von PR und Marketing** ist allerdings eher praktisch-schleichend als methodisch-theoretisch geprägt: Digitalisierung, Prozessualisierung, soziale Interaktion, Gamification und Ästhetisierung als prägende Trends von PR und Marketing führen methodisch und technisch zu einer Verschmelzung von PR und Marketing, wenn auch die Kernkompetenzen des Marketings der Verkauf und von PR Image und Reputation bleiben.

Tab. 1.1 zeigt die Entwicklungen von Web, Marketing und PR mittels Versionierungen.

Diese Versionierungen machen deutlich, wie sich Marketing methodisch der PR immer weiter annähert, indem es technisch getrieben sich den Stakeholder-Ansprüchen im Web fügt. Das **Content-Marketing** steht dabei stellvertretend und zentral für diese Entwicklung: Hier geht es um attraktive Inhalte, die das Marketing seinen Zielgruppen bereitstellt. Dabei bleibt aktuell dennoch das Effizienzkriterium, also die Nutzen-Aufwands-Betrachtung an die Neukundengewinnung gebunden. So zeigt sich mit dem **Social Selling,** dem „weichen Verkauf" im Online-Marketing, ein Wandel von der zielgruppengerichteten Verkaufskommunikation der herkömmlichen Werbung hin zum PR-Management. Denn nicht anders arbeitet die Unternehmenskommunikation mit der Stakeholderorientierung zumindest in der Theorie schon immer. So geht es in der Pressearbeit um die Herausarbeitung von Newswerten, um Journalisten zu überzeugen, dass es für die Medienrezipienten spannend ist, hierüber zu lesen. Auch Blogger-PR arbeitet heute so, allerdings mit dem Unterschied, dass die Newswerte durch die sogenannte Sociability ersetzt wurden.

> ▷ **Marketing 4.0/PR 4: die methodische Verschmelzung** – PR 4.0 entspricht inhaltlich, instrumentell und methodisch Marketing 4.0. Zumindest in vielen Anwendungsbereichen nähert sich das Marketing methodisch der PR an, bleibt aber mit dem „Content-Marketing" bei der Begriffsbezeichnung „Marketing", was sich in dem Ziel der Kundengewinnung fortsetzt.

Tab. 1.1 Die Versionierung von Internet, Marketing und PR

	Web	Marketing	PR
1.0	**Web 1.0:** Die Standardisierung des Internets mit dem World Wide Web und dem passiven Medien-, Marken- und Produktkonsumenten (ab ca. 1990)	**Marketing 1.0:** Produktzentrierung mit dem Ziel der Absatzmaximierung (ca. ab 1950)	**PR 1.0:** Begriffsfindung, Beziehungspflege, Öffentlichkeitsarbeit, Unternehmenskommunikation, Reputationsmanagement (1950er Jahre)
2.0	**Web 2.1:** Die wachsende und kostengünstige Bandbreite des Internets mit dem zunehmend aktiven und sozialen Medienkonsumenten, Internetnutzer und Konsumenten (Prosument) (ab ca. 2000) **Web 2.2:** Das mobile Internet, das mit Smartphones mobil wird (mit dem ersten iPhone von Apple seit 2007)	**Marketing 2.0:** Konsumentenzentrierung angesichts „smarter" werdender Konsumenten (ca. ab 1970)	**PR 2.0:** Die Ausdifferenzierung der PR und Zersplitterung in Einzeldisziplinen wie interne Kommunikation, Marken-Kommunikation, Investor-Relations, Event-Kommunikation (seit etwa 1980)
3.0	**Web 3.0:** Das semantische Internet, das per Sprache steuerbar ist (ab ca. 2015)	**Marketing 3.0:** Menschenzentrierung mit der Werteorientierung, aus der die Balance von Gewinnmaximierung und gesellschaftlicher Verantwortung folgt (ab ca. 1980)	**PR 3.0:** Die Professionalisierung von PR mit zunehmender Ausstattung von Top-Management-Mandaten, die in die Strategie und Positionierung von Unternehmen mit Kommunikation eingreift (seit etwa 1990)
4.0	**Web 4.0:** Das Netz der interaktiven Wertschöpfung mit dem assoziativen Internet, in dem Realität und Virtualität immer weiter verschmelzen. Die erweitere Realität (augmented Reality), die mit dem Spiel Pokémon Go seit Juli 2016 Wohnzimmerbekanntheit erreicht hat (in den Anfängen)	**Marketing/PR 4.0:** Die Verschmelzung von Marketing, PR und Werbung, auf Basis der Digitalisierung der personalisierten und gruppenspezifischen Zielgruppenansprache, die zu einer methodischen Neuakzentuierung des Marketings und Bestätigung der „Methode PR" führt: Interaktion und Kollaboration führen zum Anspruch der Shareability von Kommunikation und damit zur inhaltlichen Anforderung auch an die Werbung (ca. ab 2010)	

Kommunikations-Mix 4.0

2

Die technisch-methodische Entwicklung des Marketings entlang der Versionierungen kommt im **Marketing-Mix** nicht zum Ausdruck. Die Darstellung des Mix, beispielsweise mithilfe der „4 P", ist bis heute weitgehend unverändert geblieben. Weder methodische noch technische oder zielgruppengerichtete Aspekte bildet der herkömmliche 4-P-Marketing-Mix ab. Sowohl die Menschenzentrierung also auch die Prozessorientierung, die die Digitalisierung erfordert, kommen nicht zum Ausdruck.

Die Kritik am herkömmlichen 4-P-Marketing-Mix (price, product, place, promotion) ist vielfältig und wird anhand der unterschiedlichen Vorschläge zur Ausgestaltung des Marketing-Mix deutlich. Nur zwei bekannte Marketing-Mix-Ansätze zeigen die Breite der Kritik am Marketing-Mix:

- **7 P** (Booms und Bitner 1984): product – place – price – promotion – people – process – physical evidence
- **12 P** (Borden 1964): product – place – price – personnel marketing – points of contact – process of sales – points of feedback – positioning– promotion – participation – program of loyality – politic of responsibility

Dabei stehen einerseits die berücksichtigten „P" im Zentrum der Kritik und andererseits die Beliebigkeit des Marketing-Mix. Eine Hauptkritik betrifft zudem den unklaren Charakter des Marketing-Mix. Kennzeichnet er allgemein die Handlungsfelder des Marketings? Ist er eine strategische Handlungsempfehlung, aus diesen Handlungsfeldern des Marketings das angewandte Marketing abzuleiten, also der Mix als Stellschrauben zur Optimierung? Wenn ja: Was ist das Kriterium zur Optimierung? Ist er lediglich eine Aufzählung von möglichen Instrumenten? Oder ist er gar eine „Zwangsjacke" (Grönroos 1994, S. 4 ff.), die vorgibt, dass das Marketing sich der im Marketing-Mix genannten Instrumente zu bedienen hat?

© Springer Fachmedien Wiesbaden GmbH 2017
J. Lies, *Die Digitalisierung der Kommunikation im Mittelstand,*
essentials, DOI 10.1007/978-3-658-17365-4_2

Hier wird die Haltung eingenommen, den Marketing-Mix als strategisch-operative Rahmenvorgabe zu verstehen, das Marketing eines Unternehmens also tatsächlich hieran auszurichten. Dabei geht es nicht darum, eine möglichst große Instrumentenbandbreite zu „mixen", sondern zentrale Prozesse und Prinzipien zu beachten, um die Probleme des Kunden bestmöglich zu kennen und zu lösen:

Kritikpunkt: „Problem" – ein zentraler Kritikpunkt des herkömmlichen Marketing-Mix gilt seiner Ausrichtung. So ist unklar, was eigentlich das **Ziel von Marketing** sein soll oder kann. Der Marketing-Mix wird zum Teil als Konzentration aller Unternehmensaktivitäten auf den Markt verstanden, sodass der Mix als Abbildung sternförmig um den Markt gruppiert wird. Dies geht zum Teil einher mit der Produktorientierung, also der Betonung der Bedeutung des Produkt-Mixes innerhalb des Marketings (Meffert et al. 2015, S. 361). – „Think in the head and feel in the heart (…) of the customer" (Sabel 1997, S. 1 und ähnlich Kotler et al. 2015, S. 171), also Denken und Fühlen aus Kundensicht ist dagegen die Herausforderung, sodass das „P" „Problem" derzeit die Ausrichtung des Marketings bestimmen sollte. Dies kommt durch die Pyramiden-Darstellung (Abb. 2.1) zum Ausdruck, an deren Spitze das „P" „Problem" steht.

Kritikpunkt: „Persons" – ein zentraler Kritikpunkt des Marketing-Mix betrifft die fehlende Betrachtung der handelnden Menschen, also Käufer und Verkäufer. Sie wird mit der **Menschenzentrierung** des Marketing 3.0/4.0 gefordert. Nur ein Teil der Verkäufe kommt heute überhaupt ohne Verhandlung, Beratung oder Service aus, wobei hier der Erfolg von Online und Mobile Marketing zugleich auch die sehr unterschiedliche Bedeutung der handelnden Personen im Kaufprozess verdeutlicht: Einerseits kann die Person des Verkäufers im Online-Handel derzeit häufig überhaupt keine Rolle spielen, weil das Medium Internet ihn derzeit dann ausblendet, wenn keine kundenspezifischen Angebote technisch darstellbar sind. **Marketing-Automation** mit der Personalisierung kann aber andererseits auch als Kernkompetenz des digitalen Marketings aufgefasst werden.

Kritikpunkt: „Process" – der herkömmliche 4-P-Marketing-Mix verstellt den Blick dafür, dass Marketing immer ein mehrfacher Prozess ist, auf den die (Marketing-)Organisation und -Instrumente eingestellt werden müssen:

- **Wahrnehmungsprozess (Perception-Process):** Der Marketing-Prozess ergibt sich schon aus der Wahrnehmung von Kunden, die immer ein Prozess ist, da hier Lernprozesse stattfinden. Kunden stoßen auf ein Unternehmen, sein Produkt oder seine Dienstleistungen („Touchpoints") und verbinden damit im Idealfall bestimmte positive Attribute mit einem Unternehmen. Solche Wahrnehmungen können im Einzelfall blitzschnell entstehen, vor allem bei

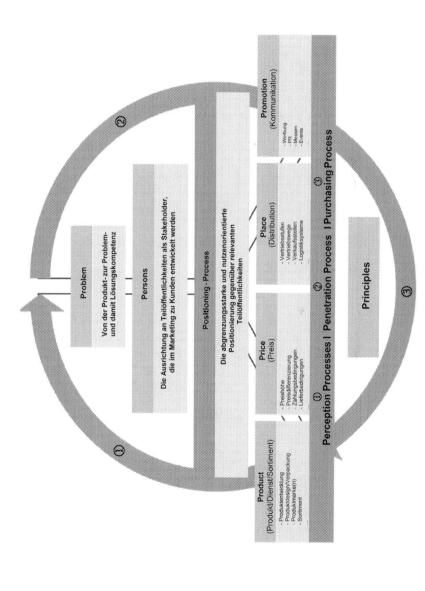

Abb. 2.1 Der Marketing-Mix 4.0 wird zur Prozess-Pyramide. (Quelle: Eigene Darstellung)

negativen Ereignissen, über die sich ein Kunde oder ein anderer Stakeholder ärgert. Umgekehrt funktioniert aber auch eine positive Prägung.

- **Kontakthäufigkeit (Penetration-Process):** Dieser Prozess verweist darauf, dass Marketingkommunikation nie punktuell arbeitet. Der Kundenpenetrations-Prozess bezeichnet die Frequenz oder Taktung der Kundenansprache. Hierfür ist nicht nur die einzelne Kampagne mit einer bestimmten Frequenz der Kundenansprache gemeint, beispielsweise im Service eines Autohauses, das an den TÜV-Termin oder den Reifenwechsel im Herbst erinnert. Auch hier ist stets die gesamte Customer Journey zu betrachten. Mit dem Prozess der Kundenpenetration muss das Unternehmen entscheiden, wie intensiv es in das Campaigning einsteigt und beispielsweise mit Hilfe von Marketing-Automation den Kunden in Routinen anspricht.
- **Kaufprozess (Purchasing-Process):** Der (Ver-)Kauf ist der zentrale kundengesteuerte Prozess, den der herkömmliche Marketing-Mix ebenfalls verdeckt. Er ist aber der entscheidend für den Erfolg. Die Instore-Kommunikation und hier das Shopper-Marketing konzentriert sich auf den Umstand, dass viele Kaufentscheidungen erst im Ladenlokal beginnen und hier zum Abschluss kommen – real oder online; positiv oder negativ. Das heißt, für viele kleine und mittlere Unternehmen ist der Touchpoint „Shop" im Handel oder „Standort" von herausragender Bedeutung.
- **Positionierung (Positioning-Process):** Der Positionierungs-Prozess ist die Antwort des Managements auf die Wahrnehmungsprozesse von Kunden und anderen Stakeholdern, die auf eine zunehmende Anzahl ähnlicher und damit vergleichbarer Leistungen treffen. Kommunikation ist schon mit dem notwendigen Lernprozess – Aufnahme, Verständnis und Identifikation der Positionierung – der Stakeholder immer eine Kampagne, da einzelne Instrumente nicht geeignet sind, solche Lernprozesse zu prägen. Auch das kommt mit dem herkömmlichen Marketing-Mix nicht zum Ausdruck und führt zu der Bedeutung des Perception-Prozesses zurück.

Das Modell der **Prozess-Pyramide** als Marketing-Mix 4.0 betont mit dem äußeren Kreis nicht nur die Prozessorientierung. Zugleich wird die Notwendigkeit des stets rollierenden Managementprozesses angedeutet. Er startet und endet stets bei der Problemlösungskompetenz, die das Unternehmen stetig bei seinen Kunden erfragt und am Verkaufserfolg abliest. Zugleich wird Raum für die Personenzentrierung und Automatisierungsmöglichkeiten geschaffen.

2.1 Positionierungsprozess: Realität vs. Theorie

Image, Marke und Positionierung bilden eine Managementeinheit im Marketing und gelten als die strategische Ausgangsbasis und zugleich als Kernprozesse des Marketing-Managements:

- **Positionierung:** Das Ziel ist, gewünschte Wahrnehmungen (in Abgrenzung zum Wettbewerb) aus Sicht von Zielgruppen in Abgrenzung zu erreichen
- **Image:** Images sind die (Fremd-)Bilder, die die Zielgruppen wahrnehmen.
- **Marken:** Marken sind Kommunikationsinstrumente mit erfolgskritischem Charakter, um diese Images zu prägen.

Eine Studie von PSV-Marketing, Siegen, bei 90 befragten Unternehmen aus dem Jahr 2010 ergab, dass 83,9 % der befragten Mittelständler sich **noch nie mit Markenführung** auseinandergesetzt haben. Als übergeordnete Ziele des Marketings gaben die meisten Befragten Kundengewinn, Steigerung des Umsatzes und den Bekanntheitsgrad sowie Nachhaltigkeit an.

Betrachtet man die **Realität des strategischen Marketing-Managements,** wird hier das häufig zitierte **Strategie-Defizit** bestätigt: „Zu klein, zu hässlich, zu uninteressant". – Spätestens bei der Rekrutierung von Mitarbeitern stellen auch kleine und mittlere Unternehmen fest, dass Markenführung an sich ein relevantes Handlungsfeld sein müsste (Eichsteller et al. 2015, S. 4). Bei der Frage nach Selbsteinschätzung der Images mit der Formulierung: „Hand aufs Herz: Haben Sie ein Imageproblem?" gibt fast die Hälfte (44,9 %) der 88 Experten (z. B. Geschäftsführung, Marketing) aus den Bereichen Handel, Produktion und Dienstleistung an, tatsächlich ein Imageproblem zu haben.

Die **Erwartungen** von privaten Haushalten an kleine und mittlere Unternehmen (KMU) hat die Sonderausgabe des jährlichen Trust Barometers der PR-Agentur Edelman analysiert (Edelman 2014a). Die Umfrage von je 1000 Teilnehmern in zwölf Ländern ergab, dass KMU vor allem transparent geschäftstätig sein sollen (71 %). Zudem wird mehrheitlich erwartet, dass sie einen Beitrag zur Gesellschaft leisten (69 %) und dass sie innovativ sind (61 %) (Abb. 2.2).

In der Markenstudie Brandshare 2014 ermittelt Edelman (2014b), dass Kunden Wertschätzung von „ihren" Marken erwarten:

- 73 % der Konsumenten in Deutschland empfinden die Beziehung zu Marken als einseitig
- 80 % sagen, dass sich Marken allein aus Profitgründen für sie interessieren
- 83 % meinen, dass Echtzeitkommunikation heute möglich sein müsste

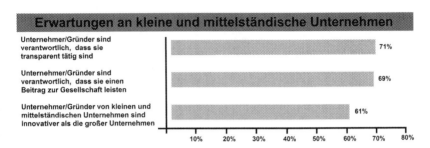

Abb. 2.2 Erwartungen an kleine und mittelständische Unternehmen; n = 1000. (Quelle: Edelman 2014a)

Dabei ist zu berücksichtigen, dass Konsumenten im Durchschnitt rund 1000 Markennamen kennen. Davon wiederum sind etwa 300 Namen so bekannt, dass sie von einer Mehrheit der Deutschen wie selbstverständlich in der Alltagssprache benutzt werden (Kirchner 2005, S. 589).

Mit Blick auf Marke und Positionierung ist das Marketing grundlegend also **mehr Fiktion als Fakt**. Solche Strategiedefizite müssen aber nicht gleichbedeutend mit Schwächen in der Umsetzung sein, sodass die Prozess-Pyramide des Marketing 4.0 genauer zu betrachten ist.

2.2   Perception-Process: vom Kunden zum Prosumenten?

Die Unternehmensberatung McKinsey geht davon aus, dass sich mit dem Bewusstsein für die Customer Journey der **Kaufentscheidungsprozess** verändert hat. Dieser wird hier als Rahmen für den **Wahrnehmungsprozess (Perception-Process)** verstanden. Er ließ sich bisher als ein **Entscheidungstrichter** verstehen, der im Kern auf die Idee der **AIDA-Formel** (Attention, Interest, Desire, Action) zurückgeht: Der Marketingtrichter, Sales Funnel, Brand Funnel oder Verkaufstrichter besagt, dass Konsumenten ein Set relevanter Produkte oder Marken in die nähere Entscheidung aufnehmen. Sie bewerten gewichtete Kaufargumente und selektieren das Set relevanter Angebote so lange, bis eine Kaufentscheidung gefällt werden kann (Abb. 2.3).

So verläuft der Kaufprozess in fünf Stufen, der sich im Marketing-Controlling zur Messung von Marketingwirkungen nutzen lässt, zum Beispiel mit der Ermittlung des Anteils möglicher Kunden eines Marktsegments (Riesenbeck 2010, S. 220):

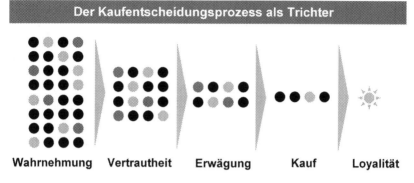

Abb. 2.3 Der Kaufentscheidungsprozess als Trichter. (Quelle: Court et al. 2009, S. 96 ff.)

- **Stufe 1:** Wahrnehmung von Produkten/Marken
- **Stufe 2:** Bekanntmachung mit Produkten/Marken (Vertrautheit)
- **Stufe 3:** Einbeziehung in die engere Auswahl (Erwägung)
- **Stufe 4:** Realisierte Käufe (Kauf)
- **Stufe 5:** Wiederkaufbereitschaft (Loyalität)

Für Anbieter war es daher bisher wichtig, auf alle Phasen der Kaufentscheidung Einfluss zu nehmen (vgl. im Folgenden Court et al. 2009, S. 96 ff.). Auf der Basis der Untersuchung von 20.000 Konsumentenentscheidungen in Deutschland, Japan und den USA in fünf Branchen (Automobile, Hautpflege, Versicherungen, Consumer Electronics und Handys) geht die Unternehmensberatung nun nicht mehr von einem Trichter aus, sondern von einem Kreislauf. Er besteht aus vier Phasen (Abb. 2.4).

1. **Ausgangsüberlegung:** Wahrnehmung diverser Marken über bestimmte Touchpoints als geeignete Lösung
2. **Evaluationsphase:** Suche nach Informationen, Shopping als Orientierungsphase
3. **Abschluss:** Kauf eines Produkts bzw. einer Marke
4. **Nachkaufphase:** Erfahrungen mit dem gekauften Gut und Herausbildungen von Erwartungen an den Markenstandard

Wie beim Trichtermodell spielt die Phase der Ausgangsüberlegung auch für Anbieter eine zentrale Rolle, um überhaupt in den Kaufentscheidungsprozess Eingang zu finden. Allerdings ist auch die Phase hiernach wichtig, da Marken

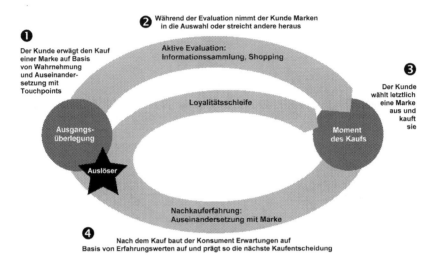

Abb. 2.4 Der Kaufentscheidungsprozess als Kreislauf. (Quelle: Court et al. 2009, S. 96 ff.)

in der Lage sind, erst jetzt in den Entscheidungsfindungsprozess eingebunden zu werden und andere zu verdrängen.

Mit dem Web 2.0 entwickelte das Internet maßgeblichen Einfluss auf die Kaufentscheidung. 25 % der Google-Suchergebnisse zu den 20 bekanntesten Marken verweisen auf Inhalte, die von Nutzern erstellt sind (Hermes 2013, S. 234). An solchen Zahlen zeigt sich, dass sich **Konsumenten** seit dem Web 2.0 in **Prosumenten** verwandeln. Prosumenten (Kofferwort aus Produktion und Konsument) sind solche Stakeholder, die sich aktiv an Markendiskussionen und im Idealfall an der positiven Entwicklung von Produkten und Diensten (z. B. der Burger des Monats, der selbst gestaltete Sportschuh) beteiligen.

Allerdings ist diese Entwicklung – der Stakeholder als Prosument – möglicherweise weitaus **begrenzter,** als die Karriere des häufig zitierten Begriffs es vermuten lassen könnte: Die ARD/ZDF-Onlinestudie 2015 zeigt, dass eine Vielzahl der Internetnutzer **eher passiv als aktiv** im Internet unterwegs ist. Zwar nutzen viele täglich Internetsuchmaschinen (55 %) oder senden und empfangen E-Mails (50 %), aber bereits das Online-Surfen (17 %), Chatten (17 %) oder die Teilnahme an Internetforen (4 %) sind deutlich geringer ausgeprägt (ARD/ZDF-Onlinestudie 2015, S. 417).

Die Customer-Journey
Der Begriff Customer Journey, als Metapher für den Wahrnehmungsprozess, ist im Marketing schon relativ lange bekannt (Holland und Flocke 2014, S. 827). Er wird vor allem im Online- und Mobile Marketing intensiv bearbeitet.

▷   **Customer Journey** bezeichnet die „Reise" eines potenziellen Kunden über verschiedene Kontaktpunkte (sogenannte Touchpoints) mit einem Produkt bzw. einer Dienstleistung, einer Marke oder einem Unternehmen, von der Inspiration und Bedürfnisweckung über die Informationsbeschaffung und Suche bis hin zur finalen Zielhandlung (Holland und Flocke 2014, S. 827).

Die Customer Journey betont die **Bedeutung von Wahrnehmung,** ohne dass diese unbedingt zum Kauf führen muss. Diese Journey kommt im Online-Marketing bevorzugt gegenüber dem Offline-Marketing zum Einsatz, da hier die Erfolgsmessung etablierter Kontaktpunkt mit Trackingtechnologien besonders einfach ist, indem das Klick- und Suchverhalten der Internetnutzer untersucht wird. Besonders problematisch erweist sich die Customer Journey, wenn sie sowohl Online- als auch Offlinekanäle umfasst. In diesem Fall stößt das sogenannte Tracking der Customer Journey an Grenzen, weil Klickverhalten auf Websites, reales Informationsverhalten und das letztlich folgende Kaufverhalten nicht mehr eine Einheit bilden müssen. Daher sind kreative Lösungsmöglichkeiten in der Verknüpfung der beiden Kommunikationswelten gefordert (Böcker 2015, S. 166).

Das so genannte **„Mapping"**, also die Kartierung mit der Erfassung und Gewichtung nach Bedeutung mit der dann folgenden Optimierung von Touchpoints, ist die zentrale Aufgabe des Touchpoint-Managements (Abb. 2.5).

Von Bedeutung ist hier die herausragende Stellung mit dem Geschäft, Vertreter/Händler. Dieser Touchpoint betont, dass es keinesfalls zuerst um die Digitalisierung der Unternehmenskommunikation geht, sondern das **Erlebnis** des realen Kaufprozesses nach wie vor eine große Rolle spielt.

Das Erlebnis-Management
Ob Empfang, Firmengebäude oder Beschaffenheit der Tiefgarage: Ursprünglich funktionell oder prozessual geplante Institutionen einer Organisation sind auf ihre **Imagefähigkeit** zu optimieren, wenn sie hier eine Rolle spielen sollten. Daher gilt das Touchpoint-Management auch als **Customer-Experience-Management.** Customer-Experience-Management (CEM) ist der Prozess des strategischen Managements aller Erlebnisse des Kunden mit einer Marke an sämtlichen Kontaktpunkten (Schmitt 2009, S. 699).

Einflussreichste Touchpoints in der Customer Journey (in Prozent)			
Interaktion mit Geschäft, Vertreter/Händler	12 %	26 %	43 %
konsumenten getriebenes Marketing - Word-of-Mouth - Online-Suche - Offline-/Print-Suche	21 %	37 %	31 %
Erfahrungswerte	28 %	10 %	5 %
unternehmens getriebenes Marketing - traditionelle Werbung - Direct Marketing - Sponsoring - Produkterfahrungen im Handel - Kontakt zum Verkäufer	39 %	26 %	22 %
	Ausgangs- überlegung	Aktive Evaluation	Kauf

Abb. 2.5 Der Einfluss von Touchpoints in der Kaufentscheidung. (Court et al. 2009, S. 96 ff.)

Damit wird in Bezug aus den Prozess der Kaufentscheidung betont, dass die kaufentscheidungsprägende Wahrnehmung von Touchpoints weit vor dem eigentlichen Kaufprozess beginnt, beispielsweise durch die Präsenz von Markennamen im Internet, die durch communitygerechte Aufbereitung von Content zunächst gar nicht kauforientiert arbeiten soll. Die Touchpoint-Analyse betont die wahrnehmungsanalytische Verschmelzung von Marketing und PR, indem sie die schleichende oder spontane **Mutation von Stakeholder zum Kunden** entlang von Wahrnehmungspunkten darstellt.

Dabei entsteht die Frage, wie wichtig welcher Touchpoint aus Sicht der Konsumenten ist: Eine Untersuchung des Forschungszentrums für Handelsmanagement in Sankt Gallen zeigt, dass der Online-Shop mehr ist als nur ein Warenkorb mit Check-out (Abb. 2.6).

Im Vergleich zu einer vorangegangenen Untersuchung im Jahr 2011 zeigt sich: „Der Online-Shop hat im Kaufprozess der Kunden stark an Bedeutung gewonnen und liegt inzwischen gleichauf mit dem Ladengeschäft des Cross-Channel-Händlers" (Rudolph et al. 2014). Er kann wie das Offline-Ladengeschäft eine hohe Inspirationswirkung im Kaufprozess besitzen und „ist demnach inzwischen ein wichtiger Ideengeber im Kaufprozess" (Rudolph et al. 2014).

Nerv-Faktor Marketing

Zugleich ist die **Zufriedenheit** mit der Marketing-Kommunikation und damit der Personalisierung bzw. dem Status quo der Marketing-Automation alles andere als

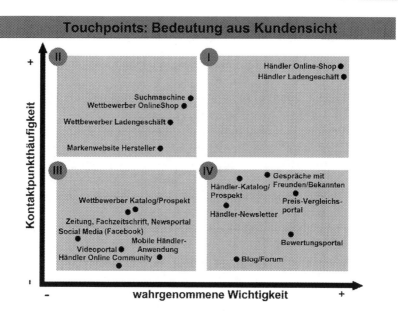

Abb. 2.6 Händler Online-Shop und Ladengeschäft als wichtigste Touchpoints aus Kundensicht; Deutschland (N = 1.257), Österreich (N = 761) und der Schweiz (N = 762). (Quelle: Rudolph et al. 2014, S. 702 ff.)

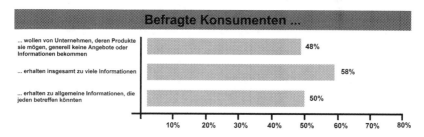

Abb. 2.7 Zufriedenheit mit Marketing-Kommunikation; n = 1000. (Quelle: Silverpop 2013, S. 1)

„smart", wie eine Studie von Forsa im Auftrag von Silverpop, einem Unternehmen für Marketingtechnologien, zeigt. Vielmehr nervt demnach die Marketing-Kommunikation (Silverpop 2013, S. 1) (Abb. 2.7).

Mit dem **Nerv-Faktor** der digitalisierten Marketing-Kommunikation zeigt sich zu Beginn der Marketing-Automation eine **zentrale Schwäche des Marketing 4.0**, die zugleich die Relevanz der Menschenzentrierung andeutet und von der Sorge um den Umgang mit persönlichen Daten befeuert wird.

2.3   Purchasing-Process: Online und Offline

Der **Verkaufsprozess** (Purchasing-Process) beschreibt die Interaktion, an dem Käufer und Verkäufer beteiligt sind und der aus Unternehmenssicht dazu führen sollte, dass der Kunden ihn mit einem (Wieder-)Kauf abschließt. Dabei ist – wie auch die Customer-Journey – dieser Prozess weit über den eigentlichen Verkaufsakt im Ladengeschäft oder im Warenkorb des Onlineshops zu sehen. Im Idealfall sind Purchasing-Process und Customer Journey zwei Seiten einer Medaille, was aber eher theoretisch bleiben wird. Die Customer Journey wird vom Wahrnehmungsprozess der Stakeholder aus betrachtet, der Purchasing-Prozess betont dagegen die Sichtweise des Anbieters.

Die Bedeutung des Ladengeschäfts
Der Handel und mit ihm der Einkauf hat sich im Laufe der Zeit gewandelt, wobei derzeit das Ladengeschäft gegen den Online-Handel zu verlieren scheint. Die Wachstumsraten des realen Handels (ca. 1 bis 2 %) bleiben seit Jahren hinter denen des Online-Handels zurück (ca. 12 %).

Das heißt aber nicht, dass die **Bedeutung des Ladengeschäfts als Point of Sale** (PoS) abnimmt. Vielmehr gewinnt das PoS-Marketing insgesamt an Bedeutung, da mehr und mehr Käufe erst am Verkaufsort entschieden werden. Der Anteil der „Instore-Decisions" beträgt 40 bis 70 %, je nach Konsumenten, Produkten und Situation, in der die Konsumenten einkaufen (Gröppel-Klein 2006, S. 674). Genau hier also verwandelt sich für Unternehmen im Handel oftmals ein allgemeiner **Stakeholder zum Kunden** (Abb. 2.8). Die Customer Journey würde dann ihrer Bezeichnung gerecht.

Entsprechend findet sich im Ladengeschäft als Point of Sale (PoS) die gesamte Brandbreite der On- und Offline-Kommunikation, um Stakeholder zum Kunden zu entwickeln.

Shopping vs. Einkaufen
„Das Shopping wird zum Erlebnis in einer Mischung aus Jahrmarkt, Basar, Spektakel und Theater. Einkaufszentren gleichen dann eher inszenierten Erlebnislandschaften. Die Einkaufswelt verwandelt sich in Zukunft immer mehr zur

Abb. 2.8 Wo und wann werden allgemeine Stakeholder zu Kunden?; n = 1979. (Quelle: GfK im Auftrag der Plakatunion 2007)

Erlebniswelt. Ausgehen und Shoppen werden zum Synonym für Erlebniskonsum" (Opaschowski 1995, S. 257). Während Einkaufen funktionell die Warenbeschaffung bezeichnet, meint Shopping den Erlebniskauf, der nicht unbedingt zur Warenbeschaffung führen muss.

Entsprechend werden auch **Einkaufsstätten** aktualisiert und wandeln sich von Warenhäusern zu Shopping Centern. Mit der steigenden Zahl von Shopping Centern, Outlets und Multifunktionsarenen könnte man mit Roost von einer beginnenden **Disneyfizierung** der Innenstädte sprechen (Roost 2000, S. 93 ff.). Wie sieht hier das Ladengeschäft der Zukunft aus? – Der Store 4.0 dient nicht mehr nur der Bedarfsdeckung, sondern ist zugleich ein Ort der Inspiration, der Unterhaltung und des Erlebnisses (PwC 2016, S. 11).

Der Einzelhandel punktet bei der emotionalen Seite des Einkaufs, wenn das Preis-Leistungs-Verhältnis als generelle Anforderung des Konsumenten als häufigste Nennung einmal außer Acht gelassen wird. Dann sind die sofortige Verfügbarkeit (56 %), die gute Erreichbarkeit des Geschäfts (55 %), die Möglichkeit, Produkte anzufassen und auszuprobieren, ein attraktives Sortiment (52 %) sowie auch ein vertrauenswürdiger Händler (51 %) die wichtigsten Aspekte (PwC-Studie 2014, S. 16) (Abb. 2.9).

Der durch den Verkäufer geführte Verkaufsprozess wird im Marketing 4.0 zum Teil durch automatisierte Prozesse im Online-Shop übernommen. Aus Kundensicht ergeben sich die in Abb. 2.10 genannten **Erfolgsfaktoren.**

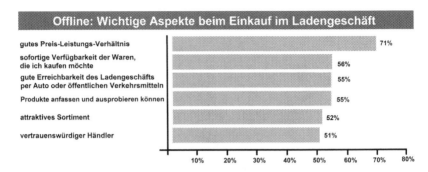

Abb. 2.9 Vom Handel beobachtete Verhaltensweisen des Kunden; n = 1000. (Quelle: PwC-Studie 2014, S. 16)

Abb. 2.10 Erfolgsfaktoren eines Online-Shops. (Quelle: ECC und Hermes 2013, S. 2)

Informationsverhalten von Kunden

Die Kunden-Studie 2014 (Käuferportal/Hochschule für Technik und Wirtschaft) kommt zu dem Ergebnis, dass 93 % der Befragten sich vor einer größeren Investition im Internet informieren (Abb. 2.11). Die Online-Suche führt deutlich vor

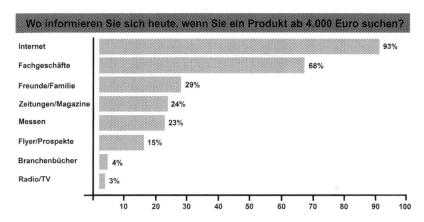

Abb. 2.11 Informationsquellen für Produkte ab 4000 EUR; n = 1140. (Quelle: Käuferportal und HWT 2014, S. 7)

dem Fachgeschäft sowie Freunden und Familie als Informationsquelle. – Der **Fachhandel** dient als wichtige Informationsquelle. Hier kommt der bekannte Show-/Webrooming-Effekt zum Ausdruck. Das heißt, hier wird die Online-/Offline-Orientierung des Marketings deutlich. Zudem zeigt sich, dass Internet nicht nur auf alltägliche Güter, wie z. B. Schuhe, Bücher und Reisen relevant ist, sondern zunehmend auch für beratungsintensive Produkte wichtig wird (Käuferportal/HWT 2014, S. 7).

Mit dem Internet ändern sich die Entstehungsfaktoren von Reputation insofern, als nicht mehr persönliche Bekanntschaft, sondern ersatzweise die Erfahrungswerte anderer als Qualitätsbeweis und Vertrauensindikator für Produkte bzw. Einkäufe herangezogen werden. Der Tausch von Reputation gegen Vertrauen muss mit dem digitalen und menschenorientierten Marketing 4.0 also anders organisiert werden als in persönlichen sozialen Netzwerken (Lies 2015d, S. 336 ff.). Vor allem die **Bewertungen** anderer Internetnutzer, aber auch **Gütesiegel** gewinnen aktuell an Bedeutung für den Vertrauensbildungsprozess (Abb. 2.12):

- Eine Studie von der Initiative D21 und des BVH (Bundesverbands des Deutschen Versandhandels) ergibt, dass es für 80 % von 1061 befragten Bürgern auf einer Skala 1 „sehr wichtig" bis 5 „sehr unwichtig" sehr wichtig/eher wichtig ist, dass andere Käufer mit einem Shop bereits **positive Erfahrungen** gemacht haben (Initiative D21/BVH 2012, S. 7).

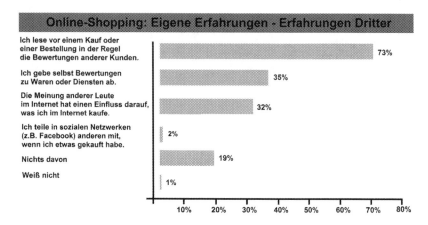

Abb. 2.12 Bedeutung der Erfahrungen Dritter im Online-Shopping; n = 1063. (Quelle: Bitkom 2013, S. 8)

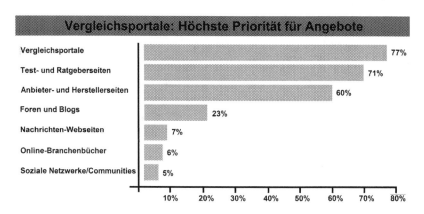

Abb. 2.13 Bevorzugte Websites für Angebote; n = 1143. (Quelle: Käuferportal und HWT 2014, S. 13)

- Fast 90 % der Unternehmen finden Bewertungen wichtig, und ein Drittel der kleinen und mittleren Unternehmen wurde schon im Internet bewertet (Telegate 2011, S. 12).

Die Bedeutung der Meinung Dritter erklärt zugleich die Rolle von Vergleichs- und Bewertungsportalen wie beispielsweise Dooyoo, HolidayCheck, Yelp (Abb. 2.13).

Online-Offline-Shopping

Die PwC-Studie (PwC 2014) „Modern Retail – Innovative Handelskonzepte im Fokus" untersucht, mit welchem Kanal – real oder digital, also offline oder online – Konsumenten einkaufen. Die Studie sieht eine erste Online-Sättigung bei Produktkäufen in den E-Commerce-Pioniersegmenten wie Bücher, Musik, Filme oder Videospiele. Nach einem kräftigen Anstieg 2013 stagniert die Konsumpräferenz der Deutschen zum Online-Kauf 2014. – Insgesamt ist der Handel viel weniger online, als es durch die vielen Veröffentlichungen derzeit erwartet würde: Nur 17 % der Konsumenten kaufen im Schnitt heute ausschließlich online. Wobei es starke Unterschiede in den Produktkategorien gibt. Während Lebensmittel zum größten Teil offline im Ladengeschäft gekauft werden (87 %), antworten 39 %, dass sie Unterhaltungselektronik online erwerben. Grundsätzlich gilt hier die Möglichkeit des Fehlkaufs, beispielsweise verdorbene Lebensmittel oder das verkehrte Produkt, als Grund dafür, dass eher offline eingekauft wird.

Inwieweit ist der reale Handel auch im Internet aktiv? – Nur 30 % der von PwC befragten Fashion-, Consumer-Electronics- und Lebensmittelhändler sind überhaupt mit einem Onlineshop im Internet vertreten.

2.4   Penetration-Process: Campaigning für Kontaktstetigkeit

Die Customer Journey erfordert eine kanalübergreifende Prozessbindung der Stakeholder-Ansprache schon deshalb, weil viele Kaufentscheidungen – online oder offline – erst beim Shopping als Erlebniskauf fallen. Der Stakeholder wandelt sich damit oft spontan und zum Teil erst im Ladengeschäft oder Online-Shop zum Kunden.

Die Bedeutung von Social Media in der Unternehmenskommunikation

Aus Sicht von Unternehmenskommunikation und Marketing wird ein zentraler Teil der Digitalisierung des Mittelstands durch die digitale Kommunikation mit Kunden und auch Mitarbeitern geprägt: Der Erfolg der Social Media im privaten Umfeld von Stakeholdern hat dazu geführt, dass Unternehmen hier technisch zwar aktiv sind. Ob sie hier auch inhaltlich und in Bezug auf ihre Zielsetzung erfolgreich sind, – nämlich Kunden zu gewinnen und die Reputation zu fördern –, ist eine erst noch zu beantwortende Frage.

Die tatsächliche Nutzung von Social Media durch Unternehmen wird je nach Studie recht unterschiedlich beantwortet:

- Die Studie Mittelstandskommunikation 2015 ergibt: „Social Media wird von 85,2 % der Befragten für die Unternehmenskommunikation genutzt (...)" (Zerfaß et al. 2015, S. 31).
- Die Studie Online-Kommunikation 2016 ergibt: „80,4 % aller KMU verzichten völlig auf Social-Media" (Zerres und Israel 2016, S. 3).

Die Studien kommen zu **gegensätzlichen Ergebnissen**, was unterschiedliche Gründe haben mag (z. B. Branchenzugehörigkeit, Anteil und Verständnis von Kleinst- und mittelständischen Unternehmen, Klarheit der Fragestellung, Alter der Geschäftsführung und Kommunikationsverständnis der Befragten usw.). Beide Ergebnisse wirken aus Sicht der Praxis allerdings tendenziell zu extrem, da je nach Branche und Unternehmertyp eine sehr unterschiedliche Online-Nutzung plausibel ist. Daher wird im Folgenden auf die Ergebnisse der Studie von Bitkom geschaut (Bitkom 2012), die auch Branchenbezüge zeigt:

- Fast die Hälfte der Unternehmen in Deutschland (47 %) nutzen Social Media, weitere 15 % planen die Nutzung bereits konkret.
- Social-Media-Einsatz ist bei kleinen und mittleren Unternehmen (KMU) und Großunternehmen gleich weit verbreitet. Am weitesten verbreitet sind Social Media im Handel (52 %), am wenigsten in der Industrie und im Baugewerbe (34 %).
- Das wichtigste Ziel der Social Media nutzenden Firmen ist die Steigerung der Bekanntheit der Marke oder des Unternehmens (82 %). Dies gilt nahezu in gleichem Maße für alle Unternehmensgrößen und Branchen. Lediglich in der Dienstleistungsbranche ist dieses Ziel noch wichtiger als in den anderen Branchen (90 %).

Die **Akquise neuer Kunden** ist als Social-Media-Ziel für 72 % der Unternehmen von Bedeutung.

Social Media als Marketing-Kommunikation

Hier stellt sich dann die Frage, inwieweit die sozialen Medien nicht nur einen Image- und Reputationsbeitrag leisten, sondern auch Verkaufsbeiträge leisten:

- 69 % kaufen nie per soziale Medien ein.
- 10 % haben einige Produkte gekauft, nachdem sie von Marken/Händlern Informationen bekommen haben oder im Austausch mit ihnen waren (PwC 2012, S. 14).

Es stellt sich hier zudem die Frage, ob Social Media erfolgreicher sind als Online-Shops:

▷ **Social-Selling als Sales 2.0** – Social Selling gilt mit dem Vertrieb über Social Media als Handelsplattform und entwickelt sich mit der Digitalisierung und Menschenzentrierung zum Vertrieb 4.0.

Dabei unterscheidet sich Social Selling methodisch maßgeblich von der **klassischen Abschlussorientierung** im Vertrieb. Hier geht es vielmehr um die stete Vernetzung und Präsenz in relevanten Netzwerken, um stetig den Kontakt zu relevanten Unternehmen bzw. deren Entscheidern zu halten. Darum wird das Social Selling hier dem Kundenkontakt (Penetration-Process) zugeordnet.

Tatsächlich bieten die sozialen Medien und mit ihren sozialen Netzwerken wie Facebook oder XING durchaus die Möglichkeit, aus Unternehmenssicht mit Marken, Produkten oder Dienstleistungen ins Gespräch zu kommen: Rund ein Drittel der Nutzer wollen soziale Medien als Informationskanal hierfür nutzen (Abb. 2.14).

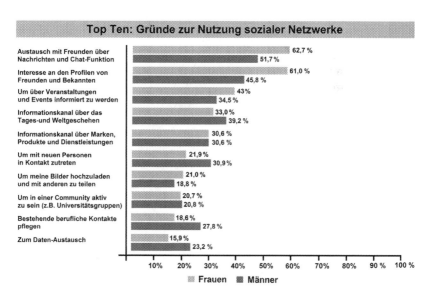

Abb. 2.14 Gründe der Nutzung von Social Media; n = 589. (Quelle: Social Trends Studie 2015, S. 16 f.)

Die Rolle der Website in der Unternehmenskommunikation
Je nach Studie nutzen 70 bis 80 % mittelständischer Unternehmen eine **Website.**
Sie ist damit der häufigste Online-Kommunikationskanal. „Mehr als 70 % der
kleinen und mittelständischen Unternehmen betreiben nur deswegen eine Web-
seite, um beim Suchmaschinengiganten Google von potenziellen Kunden gefun-
den zu werden. Bei einem Google-Marktanteil von konstant über 90 % ist das
eine kaum überraschende Motivation." (Telegate 2011, S. 11)

▶   **Google-Marketing** – Google-Marketing bezeichnet das spezialisierte
    Suchmaschinen-Marketing als Handlungsfeld des Online-Marketings,
    das die Präsenz einer Unternehmens- oder Produkt-Website in der
    Suchmaschine verbessert.

Hierfür stehen die Optimierung der Website zum verbesserten Zugriff von Suchmaschinen (SEO: Search-Engine-Optimization) und die Suchmaschinenwerbung
(SEM: Search-Engine-Marketing) zur Verfügung.

• **Search-Engine-Optimization:** Insgesamt ändern sich die Anforderungen
  suchmaschinen-optimierter Websites stetig. Sie ist heute eher auf Content und
  die Nutzerfreundlichkeit und weniger technokratisch (z. B. weniger Relevanz
  eingehängter Links, Seitenarchitektur, suchwortgeprägte Texte) ausgelegt. Insgesamt ist auf die Crawlability einer Website zu achten, die die Erfassbarkeit
  für Suchmaschinen bezeichnet, sodass Content und die soziale Vernetzung
  wichtig sind. Auf den Titel (sogenannter Titel-Tag) greift Google zu und zeigt
  ihn in den organischen (also nicht bezahlten) Treffern als erste Zeile an. Er ist
  damit der entscheidende Touchpoint im Google-Marketing.
• **Search-Engine-Marketing:** Google AdWords ist das Werbeschaltungs-Pro-
  gramm von Google. Bing Ads ist das Anzeigenprogramm von Microsoft, das
  bei den Suchmaschinen Bing und Yahoo Anzeigen schaltet. In der einfachsten
  Variante werden bei Google AdWords Textanzeigen geschaltet, deren Text der
  Nutzer selbst eingibt. Google Ready Creatives schaltet vorgestaltete Anzeigen.
  Die Werkzeuge platzieren die Werbung neben oder unter den Google-SERP
  (Search Engine Results Page), also den Suchergebnissen. Die Maximalkosten
  per Klick können bestimmt werden (CPC = Cost per Click). Dabei legt der
  Anzeigenkunde die maximalen Kosten per Klick und die Budgets pro Tag fest.
  Abgerechnet wird per Klick. Je höher die Kosten per Klick sein dürfen, desto
  besser das Ranking der Anzeige. Die Anzeigenpreise pro Klick sind daher
  vorab nicht definiert, sondern unterliegen dem Auktionsprinzip.

- **Mobile Suche:** Die Verbreitung von Smartphones führt zu der besonderen Anforderung geo-**lokaler Suchen** und Angebote im Web. Wer in der Stadt unterwegs ist, kann mit den zentralen Informationen eines bundesweit tätigen Unternehmens oft nichts anfangen: Welche Angebote befinden sich in der Nähe des Suchenden? Dies muss oft zu einer lokalen Online-Angebotsstrategie führen, die die mobilen Angebote von Desktopangeboten unterscheidet.

Tab. 2.1 zeigt die Nutzung von SEO und SEM im Branchenvergleich.

Cross Channel-Marketing
Die Online-Suche am PC zu Hause, mit dem Tablet vor dem Fernseher oder mit dem Smartphone unterwegs oder das Gespräch mit dem Verkäufer im Ladengeschäft: Marketing 4.0 findet entlang der gesamten Customer Journey kanalübergreifend statt. Online- und Offline-Shopping werden so zu einem Handlungsfeld des Managements der Unternehmenskommunikation, indem Konsumenten und Interessenten einheitlich angesprochen werden.

> **Cross-Channel-Marketing** – Unter Cross Channel-Marketing versteht man die Einbeziehung unterschiedlicher Vertriebs- und Kommunikationskanäle (Channels), die inhaltlich, zeitlich und formell aufeinander abgestimmt werden (in Anlehnung an Sigler 2011, S. 184).

Im Gegensatz zum **Multi-Channel-Marketing** wird die gegenseitige Verknüpfung der Kanäle im **Cross-Channel-Marketing** betont. Angesichts der zunehmenden

Tab. 2.1 Die Nutzung von SEO und SEM im Mittelstand; n = „mehrere hundert". (Quelle: Telegate 2011, S. 11)

Suchmaschinenoptimierung (SEO)	Suchmaschinenmarketing (SEM)
Mit jeweils 37 % führen am ehesten noch Makler und Hotel- sowie Gastronomiebetriebe technische und inhaltliche Optimierungen ihrer Webseite durch	Erst 9 % haben Erfahrung mit Google AdWords
Nur ein Fünftel der Handwerker betreibt Suchmaschinenoptimierung	Von den untersuchten Branchen sind die Makler mit 9 % die häufigsten Nutzer und die Handwerker mit 5 % die Branche der geringsten Nutzer von SEM
Bei den Fachärzten überprüft noch nicht einmal jeder Zehnte, ob die Praxiswebseite auch gefunden wird	Mehr als die Hälfte der SEM-Kunden plant Google AdWords selbst

Anzahl von Kommunikationskanälen neben dem Ladengeschäft wie Print, Events, Online und Mobile nimmt der Anspruch an den Ansatz **integrierter Kommunikation** zu. Sie wurde intensiv in den 1990er Jahren diskutiert und wird mit der Zunahme der Kanäle im Internet – Social Media, Online-Shops, Mobile Marketing – aktualisiert.

- **Integrierte Kommunikation:** Der Maßstab für die integrierte Kommunikation sind im Idealfall die Inhalte, Botschaften und Merkmale der Wiedererkennbarkeit, die kommunikationskanalübergreifend aus der Unternehmensstrategie abgeleitet werden. Das Ziel ist dabei, zielgruppenübergreifend stimmig zu kommunizieren, da immer mit Überschneidungen der Zielgruppen zu rechnen ist (Lies 2015c, S. 333). Marketing 4.0 betont, dass dabei nicht nur die Digitalisierung im Vordergrund steht, sondern zugleich auch der Mensch in den Mittelpunkt gerückt wird.
- **Kontaktkanäle:** In Bezug auf die wichtigen Kontaktkanäle ergibt die Studie „Digitales Marketing im Mittelstand" von Kontor Digital Media und BVMW Metropolregion Hamburg, dass die Top 10 der Kontaktkanäle in der eigenen Website (85 %), der Präsenz in Suchmaschinen (60 %) und in Social-Media-Profilen (52 %) bestehen. Messe (45 %) und Außendienst (43 %) betonen aber auch die Offline-Kanäle. Die eigene App schafft es mit 12 % gerade nicht in die Top 10 (Abb. 2.15).

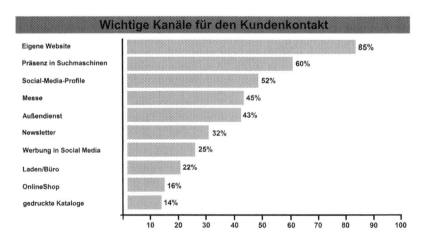

Abb. 2.15 Wichtige Kanäle für den Kundenkontakt aus heutiger Sicht; n = 129. (Quelle: Digital Media und BVMW Metropolregion Hamburg 2016, S. 3)

Verkaufsförderung im Marketing 4.0
Die Verkaufsförderung wird hierzulande etwa seit den 1950er Jahren im Marketing intensiviert. Dabei handelt es sich um zuerst kommunikative Maßnahmen bei Verkäufern und Käufern, die in direktem Zusammenhang mit dem Verkaufsprozess stehen. Sie sollen den Kaufprozess innerhalb der eigenen Vertriebsorganisation bzw. dem Käufer positiv beeinflussen (Fuchs und Unger 2014, S. 219 f.).
Mit dem Marketing 4.0 und der Bedeutung von Online-Shops finden sich eine Reihe von Maßnahmen, die tatsächlich nicht neu sind, sondern im Internet lediglich aktualisiert werden. Eine Studie über häufige Maßnahmen haben ECC/Prudsys vorgelegt (Abb. 2.16).
Diese Maßnahmen beschreiben eine große Bandbreite von Marketing-Maßnahmen, die vor allem das Online-Marketing prägen, Einblicke in die Potenziale der Marketing-Automation geben und hier kurz vorgestellt werden:

- **Produktempfehlungen:** Den höchsten Wert erreichen gemäß der Studie von ECC Handel/Prudsys Produktempfehlungen. Gemeint sind hiermit personalisierte Empfehlungssysteme (Recommender System), die beispielsweise Amazon-Nutzer bestens kennen: Mit der Suche eines Online-Shoppers erscheinen diverse Angebote, die dem Suchprofil des Kunden entsprechen und inspirativ auch weitere Bedarfe ansprechen können.
- **Fehlertolerante Suche** bedeutet, dass Besucher eines Shops auch dann Treffer mit eingegebenen Suchbegriffen erhalten, wenn sie falsch geschrieben sind

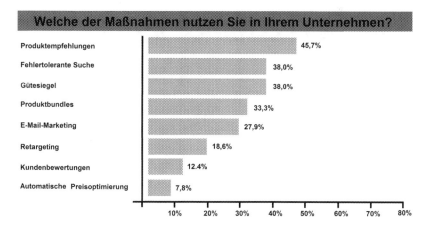

Abb. 2.16 Verkaufsfördernde Maßnahmen; n = 129 Unternehmen. (Quelle: ECC Handel und Prudsys 2011, S. 9)

oder den Produktnamen nicht exakt treffen. Zudem ist denkbar, dass die Suche im Shop alternative Produktvorschläge unterbreitet.

- **Gütesiegel:** Solche Siegel treten in großer Vielzahl und mit ganz unterschiedlichen Ausrichtungen und Bezügen auf, wie Shop- oder Produktsiegel, Nachhaltigkeitssiegel, Regionalkennzeichen, Qualitätsausweise der Bezahlsysteme usw. Der Stellenwert in Bezug auf die Kaufentscheidung wird in unterschiedlichen Untersuchungen durchweg hoch eingeschätzt. Siegel haben generell eine hohe Bedeutung im Kaufprozess, wie die Studie von initiativeD21/bvh zeigt. Demnach ist es zwei Dritteln der Befragten sehr/eher wichtig, dass ein Online-Shop mit einem Gütesiegel ausgezeichnet ist. Der Shopsiegel Monitor 2015 (www.shopsiegel-studie.de/) ergibt, dass Online-Shopper im Schnitt 4,5 Siegel kennen und 30 % von über 1000 Befragten generell hohes Vertrauen in solche Siegel haben.
- **Produktbundle:** Wie im klassischen Set-Verkauf können in Online-Shops Angebotspakete hinterlegt werden, die aus Kundensicht ein Service sein und aus Anbietersicht den Umsatz erhöhen können. Sie können als Teil der der Marketing-Automation in Kombination mit der Preisoptimierung sowie mit oder ohne Rabatten in den Shop eingestellt werden, die auch im Warenkorb ausgewiesen sein können.
- **E-Mail-Marketing:** Zum Teil wird das E-Mail-Marketing als effizienteste Form der Kundenkommunikation eingeschätzt. Eine Befragung durch das Beratungsunternehmen Absolit von 217 Unternehmen, die E-Mail-Marketing

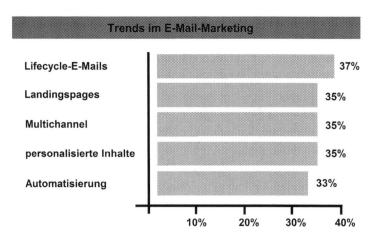

Abb. 2.17 E-Mail-Marketing-Trends; n = 217 Unternehmen. (Quelle: Absolit 2016, S. 6)

betreiben, ergibt folgende Trends im E-Mail-Marketing. Auf die Frage nach der kommenden Relevanz für Unternehmen ergeben sich die in Abb. 2.17 gezeigten Antworten (Absolit 2016, S. 6).

Nur ein Ansatz des E-Mail-Marketings, der im Trend liegt, ist das **Lifecycle-E-Mail-Marketing,** also das automatisierte Campaigning mit der Ansprache von Kunden entlang des Kundenlebenszyklus. Nach einem Kauf generiert geeignete Shop-Software eine Aktivierungs-E-Mail nach einer bestimmten Anzahl von Tagen nach der Registrierung eines Internetnutzers.

- **Retargeting: Targeting** meint allgemein die Zielgruppenbildung und -ansprache, die an sich ein traditionelles Marketinginstrument ist, mit dem Marketing 4.0 aber eine besonders klare Anwendung von Menschenzentrierung und Digitalisierung darstellt. Targeting meint im engeren Sinne die automatisierte und nutzerspezifische Adressierung digitaler Werbung mit dem Ziel, Streuverluste zu verringern (Greve et al. 2011, S. 10). Der Begriff „Targeting" ist vor allem mit dem Online-Marketing bekannt geworden, indem Cookies und andere Technologien wie das Speichern von IP-Adressen zur Analyse des individuellen Nutzerverhaltens (z. B. Suchverhalten, Einkaufsverhalten, Sitenutzungsverhalten) eingesetzt werden, um individuelle Angebote vor allem im Internet unterbreiten zu können. Daher werden diese Verfahren auch **Target Marketing** oder Behavioral Targeting genannt. – Vor allem das **Geo Targeting,** also die Zielgruppenbildung in Abhängigkeit des geografischen Standorts, bietet viele Möglichkeiten, da das Smartphone die genau Position eines Rezipienten vor oder im Ladengeschäft bestimmt. Retargeting (von engl. „wieder ins Ziel nehmen") meint solche Maßnahmen des Online-Marketings, bei dem Besucher eines Onlineshop auf anderen Websites mit Werbung des in dem Onlineshop betrachteten Produkts wieder angesprochen werden. Das (Re-)Targeting ist eine Form des **Echtzeitmarketings,** da einem Online-Shop-Besucher bereits unmittelbar nach dem Verlassen einer Shop-Website Retargeting-Angebote auf anderen Websites wie Browsern oder Preisvergleichsportalen unterbreitet werden können.
- **Automatische Preisoptimierung:** Die automatisierte Preisoptimierung (auch „dynamic pricing" oder „intelligent pricing") optimiert die Preissetzung in Echtzeit im Online-Shop nach der Auswertung der Zahlungsbereitschaft (z. B. vorige Einkäufe, Suchverhalten, genutztes Endgerät), dem Wettbewerb (z. B. Anzahl der Wettbewerbsangebote, deren Preise, Lieferkonditionen) sowie den internen Bedingungen (z. B. Preisstrategie, Kosten, Margen), die zu einem Preisspielraum im Shop führen.

Ob die **Menschenorientierung,** die neben der Digitalisierung das Marketing 4.0 prägen sollte, mit dieser Form der Personalisierung hinreichend geleistet wird, bleibt abzuwarten.

Zwischen Store und Mobile
Neben den Online-Kanälen bleibt mit dem hohen Anteil von Instore-Kaufentscheidungen das Ladengeschäft ein zentraler Touchpoint. Insgesamt geht hier die Einschätzung der Attraktivität der Konsumenten und der Wichtigkeit aus Sicht der Unternehmen zum Teil deutlich auseinander, wie eine PwC-Studie zeigt (Abb. 2.18).

Für die **Instore-Navigation** mit dem Handy im Ladengeschäft ist aus Unternehmenssicht aufgrund der Netzverfügbarkeit innerhalb von Gebäuden eine ergänzende Technologie zu den herkömmlichen Netzanbietern derzeit erforderlich: **Beacons** (engl. „Leuchtfeuer") sind im Prinzip energiesparende Bluetooth-Sender – der sogenannte BLE-Standard (Bluetooth Low Energy) – die zum Beispiel an Regalen, Produkten, Schildern, Türen usw. angebracht werden können und mit Smartphones kommunizieren, sofern die Funktion aktiviert und geeignete Apps vorhanden sind. Im Gegensatz zu GPS, mit dem Google den Konsumenten auf der Straße ortet, funktionieren Beacons auch im Ladenlokal. – **Shopkick** ist ein

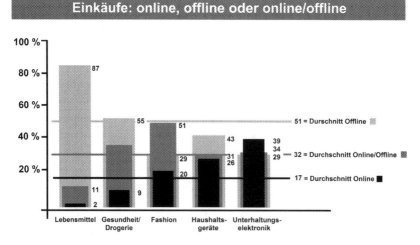

Abb. 2.18 E-Einkauf der Produkte in den vergangenen sechs Monaten; n = 1000/n = 1000. (Quelle: PwC-Studie 2014, S. 19)

Shopping-App-Anbieter, der nach eigenen Angaben mit Douglas, Media Markt, Penny, Saturn, Obi und anderen Unternehmen in Deutschland arbeitet und mit Hilfe von Beacon-Technologie Location-Based-Services wie Rabattaktionen, Gutscheine und anderes mehr anbietet.

Als digitale Instore-Kommunikation bieten sich Maßnahmen an, wie:

- Eine Begrüßungsnachricht mit Hinweis auf Regalaktionen
- Prämienpunkte beim Besuch des Stores für den Einkauf im Ladengeschäft
- Produktscan mit weiteren Informationen
- Bezahlen per App

Mobile Kommunikation

Diese Beispiele führen zu der Bedeutung mobiler Medien: vor allem das Smartphone. Dies sind Mobiltelefone, die vor allem auf das Internet zugreifen können und die mit günstig verfügbarer Bandbreite im Prinzip ähnlich leistungsfähig wie Mini-PCs/Tablets sind. Von der Apotheken-App bis zum Taxiservice – für den Gebrauch unterwegs ist derzeit das Smartphone oder das Tablet die von Konsumenten die häufigste mobile Technologie.

Der Gutschein, den der am Café vorbeikommende Stakeholder per Whats-App auf sein Handy bekommt, ist heute technisch einfach machbar. Dafür bieten **Geofencing**-Dienste (Kofferwort aus „Geografie" und „Fencing" für Umzäunung) die Basis, mit der Ladengeschäfte den Raum um das Lokal definieren, innerhalb dessen Passanten auf mobile Angebote per Smartphone zugreifen. Diese Technologie verweist auf Potenziale der mobilen Stakeholder-Penetration mit Hilfe von standortbezogenen Services (location based services – LBS).

▶ **Mobiles Marketing/Mobile PR** Mobiles Marketing/Mobile PR zielt auf Stakeholder ab, die unterwegs sind. Standortkommunikation bezieht sich also auf den Ort, an dem sich der Stakeholder befindet. PR und Marketing werden mit dem Smartphone mobil (location based PR und location based Marketing).

Dabei verändern sich die Befragungsergebnisse bezüglich der Nutzung des **Smartphones beim Einkaufen:**

- So hat mit einer Studie von Bitkom bereits jeder fünfte (20 %) der 14- bis 29-jährigen Smartphone-Nutzer mit dem Handy geshoppt, bei den 30- bis 49-Jährigen sind es 17 %. Aber auch in der Gruppe der 50- bis 64-jährigen Smartphone-Nutzer verwenden 14 % das Handy zum Einkaufen, bei den

Nutzern ab 65 Jahren sind es sogar 15 % (repräsentative Befragung, die Bitkom Research im Auftrag des Digitalverbands Bitkom durchgeführt hat. Dabei wurden 749 Smartphone-Nutzer ab 14 Jahren befragt) (Bitkom 2016).

- Studien zeigten bisher tendenziell an, dass Smartphone-Nutzer bisher oft **nicht mobil** einkaufen, sondern Mobiltelefone eher zur Information genutzt wurden, um dann ggf. zu Hause am PC den Kaufabschluss zu tätigen (Sohn 2014, S. 32 ff.). Dies scheint sich derzeit zu verändern. Zwei von drei Smartphone- und Tablet-Besitzern in Deutschland geben derzeit an, Smartphone und Tablet auch zum mobilen Einkauf zu nutzen (64 %). Der Anstieg betrug im Jahresvergleich rund 7 Prozentpunkte (Abb. 2.19).

Damit spielt das Smartphone zunehmend eine aktive Rolle im M-Commerce, also dem mobilen Handel.

App-Kommunikation

Die Beliebtheit von Apps bei Handynutzern sind ein Grund dafür, dass sich die Marketing- und PR-Potenziale von Smartphones derzeit noch selbst begrenzen: Je nach Studie haben Smartphone-Besitzer ca. 15 bis 20 Apps gespeichert, auf die sie regelmäßig zugreifen. Hier unterscheidet sich die Internetnutzung mit dem Smartphone vom Desktop zu Hause, wo eher der Browser genutzt wird.

Applikationen (kurz: Apps) bezeichnen im Prinzip alle möglichen Softwareanwendungen auf Endgeräten. So nennt Windows 10 die Programme „Apps", auf die es intern und extern zugreift. Apps meinen in der mobilen Kommunikation allerdings Programme für Smartphones und Tablet-Computer, die den Zugriff mobiler Nutzer auf das Internet prägen. Fragt man Smartphone-Nutzer nach der **Bekanntheit von konkreten Apps vor Ort,** brechen die Ergebnisse in sich zusammen (Abb. 2.20).

Smartphone-Nutzung zum mobilen Einkauf					
Frühjahr	2011	2012	2013	2014	2015
Nutzung	23%	32% (+9)	40% (+8)	57% (+17)	64% (+7)
Keine Nutzung	77%	68% (-9)	60% (-8)	43% (-17)	36% (-7)
Gesamt	100%				

Abb. 2.19 Smartphone-Nutzung im Mobile Commerce; n = 1000. (Quelle: bevh und Boniversum 2015, S. 1)

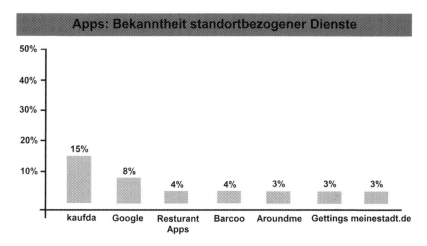

Abb. 2.20 Bekanntheit von Shopping Apps bei Handynutzern; n = 1017. (Quelle: Goldmedia 2013, S. 37)

Kaufda führt mit 15 % Bekanntheit die genannten Apps an. Restaurants folgen hier auf niedrigem Niveau mit 8 % Bekanntheit. Kaufda ist ein Berliner Anbieter standortbezogener Prospektwerbung in Web und Mobile. Nach eigenen Angaben sind mehr als 247.000 stationäre Einzelhandelsgeschäfte aus 12.000 deutschen Städten und Gemeinden auf dem Portal vertreten. Rund acht Millionen Nutzern im Monat greifen hierauf zu.

Augmented Reality als mobile Kommunikation
Laut einer Studie von Adobe nutzen 8 % der Nutzer (im ersten Quartal 2014) Augmented-Reality-Apps (Adobe 2014, S. 12). Mit der Möglichkeit, zu einem HotSpot für die Monsterjagd bei Pokémon Go zu werden, haben auch kleine und mittlere Unternehmen, wie etwa bestimmte Sparkassen, im Jahr 2016 erste **Erfahrungen mit viralem Potenzial** mobiler Kundenansprache mit Hilfe von Augmented Reality gesammelt. Dieser Technologie wird in Verbindung mit Location-Based-Services (LBS) häufig viel Potenzial im Marketing zugesprochen. **Augmented Reality** beschreibt eine erweiterte Realität, indem mit Monitortechnologien digitale Ergänzungen zur gezeigten Realität unternommen werden
Das Spiel Pokémon Go ist hier ein aktuelles Beispiel, indem das Display des Smartphones die reale Umgebung zeigt, in die digitale Monster projiziert werden, die beispielsweise im Garten, am Straßenrand oder am Brunnen im Park sitzen.

Das Spiel steht stellvertretend für die Vielzahl der **Möglichkeiten von mobiler Kommunikation:**

- Das Möbelhaus, das Aktionsmöbel in das Foto des Wohnzimmers des Kunden zur Anmutung projiziert.
- Der Modehandel, der ausgesuchte Kleidung in Spiegeln mit AR-Technologien so projiziert, dass sich der Shopper nicht umziehen muss, sondern sich neu gekleidet spiegelt.
- Der lokale Verkehrsverein, der mit einer StreetView-Anwendung die ortsnahen Hotels, Cafés und Sehenswürdigkeiten in der aktuellen Straßenansicht ergänzt.

Diese Augmented Realities können so erweitert werden, dass die Darstellung in Teilen **(Mixed Reality)** oder komplett computergeschaffen ist, aber als real wahrgenommen wird **(Virtual Reality).**

Insgesamt ist der Kundenkontakt von einer digitalisierten Standardisierung und Konvergenz der Medien geprägt, der zugleich die Menschenzentrierung beinhalten sollte. Vor diesem Hintergrund ist der digitale Automatisierungstrend eine spannende Entwicklung.

Automatisierung

Das Stichwort „Marketing-Automation" wird derzeit intensiv als eine Ausprägung des digitalen Marketings besprochen – allerdings vor allem in der Branchenliteratur und auch an Hochschulen und weit weniger in der Praxis der Unternehmenskommunikation des Mittelstands, wie die Stufen der digitalen Transformation gezeigt haben.

▶   **Marketing-Automation** – Marketing-Automation bezeichnet Automatisierungsprozesse (= Prozesssteuerung und -regelung) im Marketing, die derzeit auf Basis von Datenanalyse (Smart Data) und unterschiedlichen Anwendungs-Softwaregebieten in der Unternehmenskommunikation vor allem im Online-Kundenmanagement ausprobiert werden.

„Automation wird ein signifikanter Faktor in der Distribution. Sie unterstützt Marketing Manager, indem sie Informationen und Techniken bereitstellt und zu maßgeblichen Veränderungen in diesem Feld führen kann, indem sie Marketingkosten senkt. (…) Marketing Automation nimmt unterschiedliche Formen an, wie automatisierte Ladengeschäfte, Warenautomaten, elektronische Datenverarbeitung, automatisierte Lagerhaltung" (Goeldner 1962, S. 53). Man könnte meinen, dass dieser Satz des inzwischen emeritierten Professors Charles R. Goeldner erst jüngst erschienen wäre. Tatsächlich wurde er bereits im Jahr 1962 im Journal of

Marketing veröffentlicht. So fragte auch Head bereits 1960: „Was bedeutet Automation für Marketing-Leute? (…) Neue Methoden der Automatisierung werden Marketinginformationen viel schneller als bisher verfügbar machen und Date bereitstellen, die vorher gar nicht verfügbar waren" (Head 1960, S. 35 ff.). Dass der Begriff der Marketing-Automation neu wäre (Lehning et al. 2015, S. 129), ist im Kontext und mit Bezug auf die **Digitalisierung** zu verstehen.

Marketing Automation bezeichnet in der Anwendung die technologischen Möglichkeiten von **Customer-Relationship-Management**-Systemen (CRM-Systemen), oft mit dem Schwerpunkt Kundenmanagement. CRM umfasst den Aufbau und die Festigung langfristig profitabler Kundenbeziehungen durch abgestimmte und kundenindividuelle Marketing-, Sales- und Servicekonzepte mithilfe moderner Informations- und Kommunikationstechnologien (Leußer et al. 2011, S. 17). CRM ist ein Handlungsfeld des **Kundenmanagements,** das als kundenzentriertes Marketing gilt. Es wird geprägt von Zielen wie der Kundengewinnung und -bindung, sodass auch das Qualitäts- oder Beschwerdemanagement hierzu gerechnet werden können, sofern die Ziele aus Kundensicht formuliert, analysiert und bearbeitet werden.

Data Mining als Handlungsfeld von Marketing-Automation
Ein zentrales Handlungsfeld des analytischen CRM ist das Data Mining als Anwendung der Marketing-Automation und Nutzbarmachung von Smart Data: Analog zum Bergbau, in dem mit schwerem Gerät große Gesteinsmengen bewegt werden, um kostbare Gesteine oder Metalle zu finden, meint das hiervon abgeleitete **„Data Mining"** im Marketing die Erfassung und Analyse großer Datenmengen (Rentzmann et al. 2011, S. 134 ff.) mit dem Ziel, das Kundenmanagement zu optimieren. Das **Text Mining** als Analyse nicht-numerischer Daten ist hierbei bereits so weit gereift, dass etwa ausgesuchte Websites oder Social Media auf kritische Kommentare und andere Posts hin durchsucht und bewertet werden können, um Qualitätsmängel von Produkten zu beheben und/oder verbesserte Services zu entwickeln.

Mit anspruchsvollen statistischen und automatisierten Methoden werden Data-Mining-Verfahren in die drei Gruppen „Klassifikation und Prognose", „Segmentierung" sowie „Abhängigkeitsentdeckung" entwickelt.

* Es werden zunächst unstrukturierte Daten aus der **Kontaktanbahnung** (z. B. Web-Mining zur Erforschung des Suchverhaltens von Kunden im Internet) betrachtet.
* Der **Kundenkontakt** (z. B. Kaufhäufigkeit, Textmining von Beschwerden, Nutzerverhalten) wird ausgewertet.
* Es wird das **konkrete Kaufverhalten** betrachtet (z. B. Preis, Mengen, Kaufhäufigkeiten).

Diese Daten werden zur Konzeption von Kundenkampagnen in der Kundenakquise und/oder im Service herangezogen. Marketing-Automation bietet vor allem im **Campaigning** in der personalisierten Kundenansprache die Möglichkeit, die Kundenpenetration auf Basis von Software zu systematisieren. Laut Fraunhofer Institut IPA nutzen bereits 24 % 86 befragter Produktionsunternehmen unterschiedlicher Größen Data Mining.

Die Idee, einer steten, anlassbezogenen, personalisierten Kundenansprache führt dazu, **Marketing-Intelligence-Systeme** zu etablieren.

▷   **Marketing Intelligence** – Marketing Intelligence bezeichnet analysierte und interpretiere Informationen (Smart Data), welche gegenwärtige und zukünftige Situationen im Marketing erklären, beispielsweise die Generierung von Onlinenutzungsverhalten von Kunden im Internet.

„Intelligence" bedeutet in diesem Zusammenhang „evaluated information", das heißt glaubwürdige, aussagekräftige und relevante Informationen (Göb 2009, S. 109). Hier findet eine Anwendung von **Smart Data,** also eine Selektion und Anwendung von Big Data statt, die sich durch die systematischen Auswertung vor allem von Kunden als Internetnutzern, Smartphone Nutzern, Call Center-Anrufern und Kundenkarten-Besitzern ergeben, um eine optimierte Kundenansprache herzuleiten.

Die tatsächliche Nutzung von Daten im Marketing konzentriert sich bisher auf die in Abb. 2.21 genannten Auswertungen.

Laut einer Studie des Bundesverbands Industrie Kommunikation (Bvik) aus dem Jahr 2015 bei 115 vor allem mittelständischen Unternehmen kennt nur rund die Hälfte der befragten Marketingentscheider überhaupt den Begriff der Marketing-Automation. Und nur 5 % der „Kenner" des Begriffes Marketing-Automation haben ein solches System implementiert. Weitere 7 % planen die Einführung für 2016 (Bvik 2015, S. 16).

Ein **Risiko der Automatisierung** ist allerdings, die Internet-Nutzer mit Werbung zu überhäufen. Dies ist auch die am häufigsten genannte negative Erfahrung mit dem Online-Shopping (Bitkom 2013, S. 19). Die Gefahr, die in der Standardisierung von Digitalisierung und Marketing-Automation enthalten ist, wurde mit der **Callcenter-Technologie** in den 2000ern bereits realisiert. Dabei wird die Leistungsfähigkeit der Technologien auch kritisch gesehen: „Dem anfänglichen Hype um die vielversprechenden Potenziale des CRM als Instrument, um die Kundenansprache über den gesamten Kundenlebenszyklus hinweg effizient zu gestalten, veränderte Kundenbedürfnisse frühzeitig zu erkennen und diese im Rahmen der Kundeninteraktion zu berücksichtigen, ist zwischenzeitlich jedoch

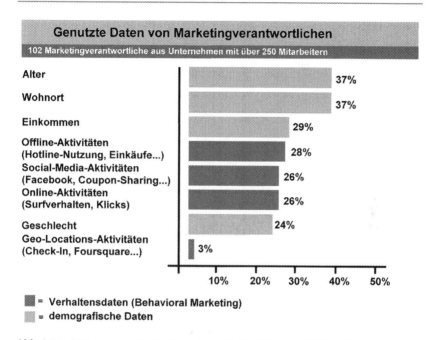

Abb. 2.21 Datennutzung für das Marketing. (Quelle: Silverpop 2013, S. 1)

einer nüchternen Sichtweise gewichen. Dies ist auf die maßgeblichen Schwierigkeiten der Unternehmen bei der Implementierung des CRM zurückzuführen" (Belz et al. 2008, S. 7). Hier fand faktisch zum Teil auch eine **Entpersonalisierung** der Kundenkommunikation statt, indem bis dahin persönlich erreichbare Mitarbeiter durch wechselnde Callcenter-Teams ersetzt wurden. Die Technik hat es ermöglicht, dem Kundenkontakt auszuweichen (Förster und Kreuz 2003, S. 87). Daher ist CRM in dieser Form mit den bisherigen technischen Mitteln als Touchpoint mit negativem Image- und Kundenpotenzial zu werten: Die Gefahr einer **automatisierten Kundenabwehr** besteht.

▷ **Menschenzentrierte Marketing Intelligence als Fiktion** – Marketing Intelligence mit der Menschenzentrierung als Ziel der Digitalisierung ist im Mittelstand derzeit noch Fiktion. Eine Fiktion wird hier als etwas Erdachtes, Vorgestelltes, Hypothetisches und ggf. konzeptionell auch Wünschenswertes bezeichnet, was die Wirklichkeit erst noch durchdringt (Zipfel 2001, S. 13).

2.5   Person: Der Verkäufer

Auffällig bei der Vielzahl der Studien rund um das Marketing 4.0 und das hier thematisierte Konsumentenverhalten ist, dass die Rolle des Verkäufers eine untergeordnete Rolle spielt. Dies ist dem Online-Kaufprozess geschuldet und bedeutet, dass dieser Aspekt der Menschenzentrierung derzeit eher zu wenig Beachtung findet.

> ▶ **Marketing 4.0 erfordert angewandte Menschenzentrierung** – Der Kunde spielt in vielen Studien zwar – zumindest vordergründig – eine Rolle, aber nicht der Verkäufer. Dies ist eine Schwäche der aktuellen Debatte von Marketing-Automation.

Erfolgreiche Verkäufe sind durch überdurchschnittlich viele aufgabenorientierte Aktivitäten des Verkäufers gekennzeichnet (vgl. im Folgenden Wiswede 2014, S. 320 ff.). Nur ein offener Punkt ist dabei die zentrale Rolle von **Verhandlungen:** Verhandlungen sind Absprachen über künftiges Handeln (Erbacher 2010, S. 19). Dabei handelt es sich um zielbezogene Kommunikationsprozesse von mindestens zwei Parteien mit unterschiedlichen Zielen, die etwa die Bestimmung der Bedingungen eines Verkaufs als Lösungsbereitstellung zur Bedürfnisbefriedigung anstreben. Vertrauensbildungsprozesse sind dabei ein wesentlicher Erfolgsfaktor, die im digitalisierten Kaufprozess durch Ersatzfaktoren bedient werden. Dazu gehören Siegel, Bewertungsportale oder Kundenbewertungen.

Der **Verkäufer 4.0** trifft auf Kunden, die sich oft schnell – möglicherweise mit Halbwissen und Stimmungen aus dem Internet – noch vor dem Regal im Ladengeschäft mobil über bestimmte Produkte informieren können. Hierauf muss sich der Verkäufer einstellen (PwC 2016, S. 19 f.):

- Gut 40 % befragter Konsumenten geben an, dass **kenntnisreiches Verkaufspersonal** das Einkaufserlebnis im Store 4.0 verbessert
- 31 % der Konsumenten nutzen **kein Smartphone** im Ladengeschäft, weil sie lieber direkt mit dem Verkäufer sprechen.
- 30 % der Konsumenten würden bei **lokalen Fachhändlern** kaufen, wenn diese hilfreiche Verkäufer hätten.
- Dass der Verkäufer 4.0 stärker als bisher zum Berater wird, ergibt die Studie von Kurt Salmon/HDE (Abb. 2.22).

Das heißt, dass der Verkäufer 4.0 **Produktexperte** sein muss und auch **technikaffin** sein sollte, um die Suchergebnisse von Kunden, die auf mobile Informationen

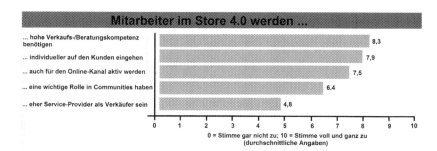

Abb. 2.22 Der Verkäufer von morgen; n = 34 Unternehmen. (Quelle: Kurt Salmon und HDE 2014, S. 16)

zugreifen, nachvollziehen zu können. Mit der systematischen Verhinderung des persönlichen Kundenkontakts bei sogenannten Customer-Relationship-Technologien und der Umschichtung von Marketing-Budgets in IT-Marketing bleibt abzuwarten, ob die Menschenzentrierung mit Ersatzfaktoren gelingen wird.

2.6 Prinzipien der neuen Medienkompetenz

Mit dem Web 2.0 als prägendem Medium und dem **Verlust des Informationsmonopols** der klassischen Medien sind Blogger und Prosumenten zu wichtigen Stakeholdern von Unternehmen aufgerückt. Das Marketing verlässt hier seine bilaterale Verhandlungskompetenz und begibt sich mit den neuen Medien in den Dialog mit Stakeholdern. Die neue, notwendige **Dialogkompetenz des Marketings** ist ein Beispiel für die methodische Annäherung von Marketing und PR-Management. Dies erfordert eine neue Medienkompetenz des Marketings, deren Anforderungen sich mit dem Relationship-Marketing als nachhaltiger Beziehungsaufbau auch jenseits des singulären Kaufs sowie dem Dialog-Marketing als responsives Management mit dem Content-Marketing weiter verstärken.

▶ **Marketing-Medienkompetenz als Dialog** – Medienkompetenz bezeichnet Fähigkeiten und Eigenschaften von Unternehmen sowie ihren Produkten, Marken und Repräsentanten, Resonanz in den neuen Medien zu erzielen. Damit ist im Internet derzeit vor allem die Kompetenz gemeint, virale Effekte – also soziale Selbstansteckungseffekte (z. B. Sharen, Liken, Posten …) – auszulösen.

Web-User und hier vor allem Blogger und Prosumenten bestimmen derzeit die Anforderungen der neuen Medienkompetenz von Unternehmen, was das Marketing im Internet und das Mobile Marketing derzeit zu einer Anwendung des „soft sellings" macht:

- **Sociability:** Wie bei der klassischen Medienkompetenz sind solche Medienkompetenzen gemeint, die gezielt auf das Erreichen der Zielgruppe sowie deren Beeinflussung wirken. Telegenität, also die rhetorische wie visuelle Attraktivität eines Unternehmens, seiner Leistungen und/oder dessen Sprecher, war eine klassische Anforderung für die Präsenz in den klassischen Medien wie TV. Telegenität bekommt mit dem Web 2.0 und seinen Anforderungen an Content und Unterhaltung eine besondere Anforderung an die Interaktionsfähigkeit von Unternehmern. Eine zentrale Kompetenz der Telegenität ist die sogenante Sociability von Online- und Mobile-Angeboten (vgl. im Folgenden Lies 2015b, S. 13 ff.).

▷ **Sociability** bezeichnet die Sozial- oder Gruppenfähigkeit von Social-Media-Inhalten.

Sociability meint die Fähigkeit einer Anwendung, Marke oder Kampagne, Kommunikation und Interaktion zwischen den Nutzern zu ermöglichen (Schmeißer und Schneiderbauer 2010, S. 3). Hier wird die Bedeutung des **Kooperationsprinzips** deutlich, das seit dem Web 2.0 innerhalb von Gruppen sowie zwischen solchen Gruppen und ihren Unternehmen an Bedeutung gewonnen hat. Es reicht bis zu Phänomenen der interaktiven Wertschöpfung. Hierbei beteiligen sich beispielsweise Prosumenten an der Konzeption oder Ausgestaltung von Produkten. Die Kooperation wird aber zunehmend auch Unternehmen selbst betreffen, wie es sich derzeit schon am Affiliate-Marketing oder Co-Branding ablesen lässt. – Beim **Affiliate-Marketing** kooperieren zum Beispiel Online-Shops mit anderen Online-Angeboten, indem sie dort Werbung schalten und ein Rückvergütungssystem vereinbart wird. Beim Co-Branding ergänzen sich die Markenwerte zweier Produkte, beispielsweise von Eis und Schokolade. Marketing 4.0 führt also zu einer dreifachen Kollaboration, sodass mit der Digitalisierung auch von einem Zeitalter der Kooperation gesprochen wird (Kreutzer 2015, S. 19 ff.): 1) Stakeholder untereinander; 2) Kunden mit ihren Marken und 3) Marken untereinander. Entsprechend sind Marken dann „sociable", wenn sie Identität stiften, Gruppenzugehörigkeit ermöglichen und zugleich die Vernetzung zwischen Nutzern erlauben.

- **Content is King:** Augmented Reality, Buzz-Marketing, Sociability, Storytelling, Erklärvideos, native Werbung, Events, Sponsoring, Crossmedia: Wenn es um Content-Marketing geht, treffen Interessierte auf eine Flut von Begriffen, sodass der Kern von Content-Marketing sich nicht mehr erschließt oder nie ganz klar war: Im Kern scheint die Idee von Content-Marketing eine Abkehr von werblichen Kaufbotschaften zu sein. „Während klassische Marketing-Instrumente die Aufmerksamkeit der Konsumenten direkt auf das Produkt lenken, liegt der Fokus beim Content-Marketing vielmehr auf dem Publizieren von Medieninhalten. Weil dabei vor allem journalistische Arbeitsweisen und -techniken eingesetzt werden, sprechen manche Autoren – vor allem im amerikanischen Raum – auch von „Brand" oder „Branded Journalism" (Bürker 2015, S. 430).

▷ **Content-Marketing** – Content-Marketing bezeichnet die informierende, beratende und/oder unterhaltende Bereitstellung von Unternehmensinformationen mit dem Ziel, dass sich Stakeholder mit den Informationen überhaupt beschäftigen. Die klassisch werbliche Marketingkommunikation (Kaufappell) gilt hier derzeit als ungeeignet.

Damit steht der Content-Begriff auch für das Edutainment (Kofferwort aus engl. „Education" für Bildung und Information sowie „Entertainment" für Unterhaltung), also die ansprechend-spielerisch-unterhaltsame Kommunikation. Sie leitet zu vielen weiteren Prinzipien wie der Bildkommunikation, der Ästhetik oder der Gamification über. In der Umsetzung ist hiermit die Aufbereitung einstiger Werbebotschaften in Form von Texten, Bildern oder Videos gemeint, die das besondere Interesse der Websitebesucher wecken sollen. Der Content profitiert meist von seinem viralen Potenzial, muss also so ansprechend sein, dass ihn die User einer Site gerne teilen. So entstehen im Idealfall soziale Selbstansteckungseffekte, die das Ziel des Virusmarketing (viral marketing) sind.

- **Virale Kommunikation:** Die Sociability (Gruppenfähigkeit) von Inhalten wird zentral von der Shareability (Teilungsfähigkeit) getragen.

▷ **Shareability** – Die Shareability (von engl. „teilen") bezeichnet die Teilungsfähigkeit von Content bzw. dessen Botschaften in der Online-PR. Dazu gehört nicht nur die technische Funktionalität, um Nachrichten in Social Media zu teilen, sondern vor allem die Attraktivität der Inhalte (Lies 2016, S. 196).

Der Content steht im Mittelpunkt der Analyse der Shareability von Botschaften. Dabei gilt **positiv erregender Content** als Treiber für Sharen, Posten und Liken. Studien ergeben, dass Inhalte mit positiven Emotionen viraler sind, also schneller geteilt werden, als solche mit negativen Emotionen. Zugleich ist aber auch das Erregungspotenzial der Inhalte maßgeblich für ihr virales Potenzial. Zu positiv erregenden Inhalten gehört Content, der in Erstaunen versetzt. Zu **negativ erregendem Content** gehört Ärger oder Ängste (Berger und Milkman 2011, S. 1 ff.).

▶ **Virus-Kommunikation** – Virus-Kommunikation oder virale Kommunikation bezeichnet die gezielte Auslösung von sozialen Ansteckungseffekten durch oft kreative Maßnahmen mit dem Prinzip der Mund-zu-Mund-Propaganda und dem Ziel, Markttransaktionen zu unterstützen.

Diese Ansteckungseffekte können Diskussionen in Blogs oder Foren sein. Hierzu zählt auch die **Content Curation,** also das Erstellen („die Pflege") von Content durch Internetnutzer, wobei zu dieser Curation auch schon das Verändern aufgefundener Inhalte (z. B. Texte, Bilder, Grafiken) zählt. Zentral für solche Ansteckungseffekte aus technisch-funktionaler Sicht sind: Sharen (das Teilen von Content), Posten (das (Wieder-)Veröffentlichen) und Liken (die Kennzeichnung einer Botschaft mit einer positiven Kommentierung wie der Like-Button bei Facebook). Diese typischen Interaktionstätigkeiten der Nutzer sozialer Medien prägen die Word-of-Mouth-Kommunikation (Mund-zu-Mund-Kommunikation) und sind relativ einfache Vorgänge, indem etwa ein attraktives Markenbild eines Unternehmens auf seiner Facebook-Präsenz veröffentlicht („geposted") wird und Interessierte dieses „liken" und vielleicht auf ihrer eigenen Site teilen („sharen"). Die Kehrseite der Medaille ist auch das Spiel mit oder gar die Kritik an Corporate Content durch die Communities sowie die zeitnahe Reaktionsanforderung, die zum Anspruch des Echtzeitmarketings (Real-Time-Marketing) führen.

▶ **Shareability als Dialog- und Kritikfähigkeit** – Shareability bedeutet letztlich, dass Unternehmen kommentar-, kritikfähig und damit konfliktfähig sein müssen.

Kommentar-, Kritik- und Konfliktfähigkeit sowie Echtzeit heißt, dass Unternehmen sich auf den von Stakeholdern getriebenen Dialog in ihren Communities einlassen müssen, indem sie nicht nur Fragen aufgreifen, sondern auch Probleme lösen. Das Echtzeitmarketing meint die zeitnahe Reaktion auf die Kundenanforderung, die technisch mit Echtzeitadvertising, Real-Time-Bidding (Online-Auktionspreise für Werbung) und anderen Anwendungen darstellbar ist.

- **Personalisierung:** Zu den großen Vorzügen der digitalisierten Marketing-Automatisierung gehört die Möglichkeit der persönlichen Kundenansprache, die als „automatisierte Personalisierung" aus dem Direct Marketing bekannt ist. Sie ist zugleich die zentrale Menschenzentrierung des Marketing 4.0. Personalisierung ist die Anpassung von Informationen, Diensten oder Produkten an die definierten oder vermuteten Bedürfnisse einer Person. Die Anpassung kann aufgrund des Personenprofils, der aktuellen Situation der Person, aber auch durch aktive „Personalisierung" durch den Anwender erfolgen (Klahold 2009, S. 3) Dabei meinte Personalisierung bereits vor „Big Data" mehr als nur die personalisierte Anrede, nämlich auch die Personalisierung von Angeboten (Lehr 1997, S. 485). Sie kann mit den Smart Data der Marketing-Automation mit datenbankgestützten individuellen Angeboten aber fundierter werden.

Zu der Personalisierung gehören beispielsweise persönliches Pricing, personalisierte Werbung, personalisierte Angebote und Gestaltung von Webshops oder personalisierte Rabatte oder Gutscheine (Heinemann 2015, S. 20). Unternehmen können sie in Abhängigkeit diverser Kriterien individualisieren, wie zum Beispiel:

- das Suchprofil des Web-Shop-Besuchers, das den Cookies entnommen werden kann
- dem Log-in des Online-Shops, das mit der Bestellhistorie Hinweise auf den Käufertyp gibt
- der Tageszeit des Online-Shop-Besuch (tagsüber werden Produkte zum Teil teurer angeboten als nachts)
- das Surf-Gerät (das iPad ist teurer als viele andere Tablets und damit ein Indikator für die Preissensibilität)

Mit gut 85 % nutzt bereits ein Großteil der Unternehmen, die Personalisierung als Umsetzung der Erlebnisvermittlung anwenden, individuelle, kundenbezogene Online-Kampagnen. Kanalübergreifend werden personalisierte Kampagnen allerdings nur von rund zwei Drittel der Unternehmen durchgeführt, wie die Studie von ECC/IFH zeigt (Abb. 2.23).

Abb. 2.23 Umsetzung von Personalisierung im Marketing; n = 74. (Quelle: ECC und IFH 2015, S. 9)

- **Gamification:** Spielerische Prinzipien auf Management zu übertragen, resultiert aktuell aus der großen Verbreitung von Video- und Computerspielen, ist aber im Prinzip nicht neu: Sammelbilder und Spielzeug als Anreiz für den Kauf von Lebensmitteln beizulegen, wird im Marketing schon lange praktiziert. Auch Incentivierungen im Vertrieb oder Bonusprogramme von Kundenklubs gelten als spielnahe Prinzipien, die die zum Edutainment zurückführen.

▷   **Gamification** – Gamification bezeichnet die Übertragung von spielerischen Effekten auf andere Bereiche wie beispielsweise das Management: Gamification steht beispielhaft für die Anwendung der Didaktik der PR (Lies 2016, S. 73), bildet eine Anforderung von Content und ist eine Anwendung der Customer Experience.

Dabei wird zum Teil auch auf die Notwendigkeit von **Design** als Komponente der Gamification hingewiesen (Sailer 2016, S. 18), sodass Gamification eine Kombination aus der Instrumentalisierung des Spieltriebs zur Selbstmotivation von Zielgruppen im Marketing und von **Ästhetik** als visuelle Aufbereitung steht. – Games sind aus Sicht des Marketings Werbeträger, die die klassischen Medien von Zeitungen, TV oder Radio ergänzen. Sie erreichen eine eher jüngere Zielgruppe und werden letztlich auch wie klassische Medien vermarktet. Der Unterschied zu herkömmlichen besteht in der Medien intensiven Nutzung durch die Gamer, so dass hier platzierte Werbung mit einiger Wahrscheinlichkeit auch wahrgenommen wird. Zugleich ist In-Game-Kommunikation ein starkes Markenstatement, da die Nähe zum Spiel imagerelevant ist. – Es lassen sich zwei Handlungsfelder unterscheiden, wobei das In-Game-Advertising der Gamification vorrangig ist: Das

In-Game-Advertisement bezeichnet die Werbung in Computer-, Online- und Videospielen. So ist beispielsweise die Nutzung von Spielen als Werbefläche, der Einbau von Marken oder Produkten als Teil eines Spiels in Form eines dynamischen Product-Placements buchbar. Es finden sich in dem Online-Spiel FarmVille Ackerfläche, die als Logo von McDonald's erscheint. Zudem ist es möglich, als Unternehmen eigene Spiele zu entwickeln (Branded Games). So wird die Nutzung von Spielen zum einem Teil des imageprägenden PR-Managements, wie etwa das bekannte Online-Spiel Mohrhun zeigt, das Johnnie Walker bereits in den 1990er Jahren beauftragte. Gamification meint aber weitergehend auch, mit **spielerischen Elementen** Ziele eines Unternehmens zu erreichen. Mit Rollenspielen im Assessment-Center (Recrutainment, Diercks und Kupka 2013) oder Business-Theater im Change Management ist das Prinzip und der Trend der Gamification nicht neu. Er ist auch für die Unternehmenskommunikation nicht neu, wenn man an die **Gewinnspiele** in Printmedien denkt und als Rezipient in Form von Kreuzworträtseln oder SMS-Gewinnspielen im TV zur Teilnahme aufgerufen wird und sich Teilnehmer spielerisch einem Unternehmen oder einer Marke nähern.

Fazit: Marketing 4.0 im Mittelstand – mehr Fiktion als Fakt

Marketing 4.0 wird hier im Kern als aktuelle Phase des Marketings verstanden, die nicht mehr zuerst den Markt, sondern den Kunden als angewandte Menschenzentrierung beinhaltet und zugleich die Digitalisierung als angewandte digitale Transformation des Mittelstands prägt. Dies unterscheidet dieses *essential* von vielen anderen Beiträgen zu diesem Thema, die derzeit das Marketing zentral als „**digitale Automation**" auf Basis der Analyse von Big Data verstehen (Clausen 2016, S. 31). Die Marketing-Automation versucht mit der Veredelung von Big Data zu Smart Data eine problemspezifische Individualisierung von Marketing-Lösungen zu organisieren. Das Marketing 4.0 stellt den Menschen in den Mittelpunkt und setzt zugleich auf Online- und Offline-Marketing.

Marketing-Automation ist insgesamt eine recht alte Debatte aus den 1950er/1960er Jahren, zu der die Warenautomaten die Frage anstießen, inwieweit sich Marketingprozesse standardisieren lassen. Sie wird mit den Möglichkeiten der Digitalisierung aufgewärmt und neu diskutiert.

Folgende Übersicht zeigt die Entwicklungen von Web, Marketing und PR mittels Versionierungen.

> **Die Versionierung von Internet, Marketing und PR**
> - **Thema 1 – Marketing 4.0 (Abschn. 1.5 und 2.6)**
>   - Ausgehend von der **Versionierung des Internets** von Web 1.0 bis Web 4.0 findet sich in vielen Bereichen der Wirtschaftsgesellschaft eine Phasenbeschreibung mit Hilfe von Versionen. Zentrale Aspekte, die unter dem Dach von Marketing 4.0 zusammenkommen, sind das Web 3.0 mit der Interaktionsfähigkeit auf Basis von Sprache

© Springer Fachmedien Wiesbaden GmbH 2017
J. Lies, *Die Digitalisierung der Kommunikation im Mittelstand,*
essentials, DOI 10.1007/978-3-658-17365-4_3

zwischen Nutzer und Internet, Kotlers Menschenorientierung im Marketing 3.0 und die Digitalisierung von Industrie 4.0 (Abschn. 1.5).

- Nimmt man den Begriff des „**Content-Marketings**", der für Interaktion und Kollaboration steht und zum Anspruch der Shareability von Kommunikation führt und damit zur inhaltlichen Anforderung auch an die Werbung, dann nährt sich das Marketing der PR an. Marketing 4.0 bedeutet dann die methodische Verschmelzung von Marketing, PR und Werbung auf Basis der Digitalisierung der personalisierten und gruppenspezifischen Zielgruppenansprache als angewandte Menschenorientierung. Sie führt derzeit in Theorie und Online-Marketing-Praxis zu einer methodischen Neuakzentuierung des Marketings und Bestätigung der „Methode PR" als dialogisch-argumentativ-edukativ-unterhaltende Zielgruppenansprache (Abschn. 2.6).

• **Thema 2: Relevanz von Marketing 4.0 für den Mittelstand (Abschn. 1.1 und 1.2)**
Der Relevanzbegriff, der den Stellenwert von Marketing 4.0 bzw. Marketing/Unternehmenskommunikation überhaupt kennzeichnet, wird hier aus zwei Perspektiven beantwortet:

- **Relevanz 1** meint die Akzeptanz oder Anerkennung von Unternehmenskommunikation und Marketing aus Sicht von Unternehmen. Hier ergibt sich ein pessimistisches Bild, da nicht einmal jeder dritte Unternehmer das Thema für sich überhaupt als wichtig anerkennt (Abschn. 1.1).

- **Relevanz 2:** Eine weitere Form ergibt sich für die Relevanz im Sinne der tatsächlichen Umsetzung beispielsweise von digitalisierter Kommunikation als technischer Dimension des Marketing 4.0. Folgt man der dreistufigen digitalen Transformation der Wirtschaft mit den Stufen „grundlegende Digitalisierung" (Stufe 1), vernetzte Information und Kommunikation (Stufe 2) sowie Vernetzung von Produkten und Diensten (Stufe 3), dann ist die Relevanz insgesamt eher gering, da insgesamt rund 20 % der mittelständischen Unternehmen derzeit überhaupt größere Datenmengen analysieren. Nichtsdestoweniger gibt es aber auch kleine Unternehmen wie Online-Shops, die heute schon komplett digitalisiert arbeiten und auch das Marketing entsprechend betreiben. Hier finden sich etwa 16 % der mittelständischen Unternehmen, die ihren Kundenkontakt digitalisiert haben. Insofern gibt es faktische Marketing-4.0-Beispiele, die Stand heute (2016) allerdings eher die Ausnahme als die Regel sind (Abschn. 1.2).

- **Thema 3 – Marketing-Mix (Abschn. 2.1 bis Abschn. 2.5)**
  Mit der **Menschen- und Prozessorientierung** des Marketings 4.0 gerät
  der Marketing-Mix in die Kritik. Seine Rolle und sein Charakter für
  das strategische und operative Marketing sind unklar. Zudem muss er
  unvollständig erscheinen, da weder Prozesse noch Menschen im klassischen 4P-Mix – Produkt, Preis, Promotion, Place – einschlägig abgebildet werden. Hier wird daher eine Prozess-Pyramide als verbindlicher
  Rahmen für die Ausrichtung der Marketingpraxis entwickelt. Vier Prozesse umrahmen hierbei die klassischen „4p", die die Problemorientie-
  rung – und damit den Kunden als Person – ins Zentrum stellen:
  1. der Positionierungs-Prozess
     (Abschn. 2.1),
  2. der Perception-Prozess (Wahrnehmungsprozess)
     (Abschn. 2.2),
  3. der Purchasing-Prozess (Verkaufsprozess)
     (Abschn. 2.3) sowie
  4. der Penetration-Prozess, also die Kontaktarbeit mit dem Kunden, die
     Marketing immer zum Campaigning macht
     (Abschn. 2.4),
  5. die Person: der Verkäufer
     (Abschn. 2.5).
  Diese fünf Aspekte werden von Prinzipien getragen, die die neue Medienkompetenz des Marketing 4.0 prägen.
- **Thema 4 – Die Annäherung von Marketing und PR**
  Schlagworte aus dem Marketing wie Content-Marketing, Social-Marketing, Hashtag-Marketing oder Mobile-Marketing prägen derzeit zumindest im Online-Marketing eine neue Methode: Wenn auch der Verkauf als
  herausragendes Ziel des Marketings bestehen bleibt, arbeiten diese Handlungsfelder weder markt- noch verkaufsorientiert. Stattdessen bedienen
  sie sich der reputationsbildenden Methode des PR-Managements. Pokémon Go als erfolgreiche Spiele-App ist ein aktuelles Beispiel, aber auch
  das Hashtag-Marketing als neue Spielart des Themensettings oder auch
  das Viral-Marketing, das auf Ansteckungseffekte setzt, stehen stellvertretend für die Methode „PR" im Marketing. PR war schon immer (norma-
  tiv) auf Reputationsmanagement ausgerichtet, sodass Marketing 4.0 für
  die Verschmelzung von PR und Marketing steht.

Stand heute ist das Marketing 4.0 im Mittelstand eine **Fiktion.** – Dies ergibt sich allerdings weniger aus der Digitalisierung, deren Fortschritt hier sichtbar ist, aber insgesamt bisher auf eher geringem Niveau stattfindet.

Allerdings auch dort, wo die Digitalisierung des Kundenkontakts heute schon Fakt ist, fehlt ein zentraler Aspekt: Die **Menschenzentrierung** des Marketings. Die Personalisierungspotenziale im Sinne einer individualisierten Ansprache sind mit den Persönlichkeitsanforderungen eines persönlichen Verkaufsprozesses je nach Verkaufsobjekt (Produkt, Dienstleistung) nicht vollständig abgedeckt. Dies zeigt die – hier nur knappe – Analyse des Online-Kaufprozesses, der Schwächen in der Customer Experience zeigt: Die Kaufobjekte lassen sich nicht anfassen, der Kontakt zum Verkäufer fehlt und **Sorgen um den Datenschutz** stehen als Kritikpunkte oben an. Zugleich ergeben Studien, das (automatisiertes) Marketing wie E-Mails, die Unternehmen für besonders effizient halten, Konsumenten oftmals schlicht nerven. – Für einfache bzw. standardisierte und nicht erklärungsbedürftige sowie preiswerte Produkte und Dienste sowie auch das Shopping-Erlebnis als persönliches Einkaufserlebnis werden Marketing 4.0 als digitalisiertes und menschenfokussierte Kundenmanagement noch lange eine Fiktion bleiben. Die Personalisierungsdebatte mit verhaltensbezogener Ansprache als Kehrseite eines nervenden Marketing-Campaignings muss mit einer weniger technischen als vielmehr inhaltlichen Content-Debatte beginnen.

Was Sie aus diesem *essential* mitnehmen können

Dieses *essential* bietet die Basis für kleine und mittelständische Unternehmen sowie ihre Berater und Hochschulen, sich kritisch zu fragen, ob ...

- sie die Potenziale der Digitalisierung im Marketing erkannt haben und nutzen.
- der Kunde statt des Marktes im Mittelpunkt von Marketing-Aktivitäten steht.
- sie kritisch hinterfragen, dass Marketing-Automation den individuellen Kundenanforderungen gerecht wird.
- der angewandte Marketing-Mix der notwendigen Prozessorientierung gerecht wird.
- ob sie den Wandel vom Marketing zur argumentativ-unterhaltenden Methodik des PR-Managements mitgehen.

© Springer Fachmedien Wiesbaden GmbH 2017   63
J. Lies, *Die Digitalisierung der Kommunikation im Mittelstand,*
essentials, DOI 10.1007/978-3-658-17365-4

Literatur

Absolit. (2016). *E-Mail-Marketing-Trends 2016 Kurzversion.* Waghäusel: Absolit Consulting.

Adobe. (2014). *Ergebnisse der Adobe-Umfrage 2014 unter Nutzern mobiler Endgeräte.* München: Whitepaper.

Altmeppen, K.-D., & Arnold, K. (2013). *Journalistik: Grundlagen eines organisationalen Handlungsfeldes.* München: De Gruyter.

ARD/ZDF-Onlinestudie. (2015). Statistik. Daten aus der ARD/ZDF-Onlinestudie 2015. *Media Perspektiven, 2015*(9), 416–417.

Belz, C., Schögel, M., & Arndt, O. (2008). Grenzen technologie-gestützter Kundeninteraktion – aktives Interaktionsmanagement als Erfolgsfaktor. In C. Belz et al. (Hrsg.), *Interaktives Marketing – neue Wege zum Dialog mit Kunden* (S. 3–20). Wiesbaden: Gabler.

Berger, J., & Milkman, K. L. (2011). What makes online content viral? *Journal of Marketing Research, April 2012, 49*(2), 192–205.

Bevh/Boniversum. (2015). *Frühjahr-Umfrage 2015: Mobiler Einkauf und Bezahlung mit Smartphone und Tablet.* Neuss: Boniversum.

Biesel, H. H. (2016). *Vertrieb – Vertrieb und Marketing in einer Digitalen Welt.* Norderstedt: Books on Demand.

Bitkom. (2012). *Social Media in deutschen Unternehmen, Bundesverband Informationswirtschaft, Telekommunikation und neue Medien e. V.* Berlin: Bitkom.

Bitkom. (2013). *Trends im E-Commerce Konsumverhalten beim Online-Shopping.* Berlin: Bitkom.

Bitkom. (2015). Gaming-Trends in Deutschland, Berlin, 29. Juli 2015.

Bitkom. (2016). Online-Shopping mit dem Smartphone ist im Kommen, Pressemitteilung. https://www.bitkom.org/Presse/Presseinformation/Online-Shopping-mit-dem-Smartphone-ist-im-Kommen.html. Zugegriffen: 10. Mai 2016.

Böcker, J. (2015). Die Customer Journey – Chance für mehr Kundennähe. *Deutscher Dialogmarketing Verband e. V. (Hg.): Dialogmarketing Perspektiven 2014/2015, Tagungsband 9. wissenschaftlicher interdisziplinärer Kongress für Dialogmarketing* (S. 165–178). Wiesbaden: Springer.

Booms, B. H., & Bitner, M. J. (1981). Marketing strategies and organization structures for service firms. In J. H. Donnelly & W. R. George (Hrsg.), *Marketing of services.* Chicago: American Marketing Association.

© Springer Fachmedien Wiesbaden GmbH 2017   65
J. Lies, *Die Digitalisierung der Kommunikation im Mittelstand,*
essentials, DOI 10.1007/978-3-658-17365-4

Borden, N. (1964). The concept of the marketing mix. *Journal of Advertising Research, 1964*(4), S. 2–7.

Bürker, M. (2015). Content-Marketing. In J. Lies (Hrsg.), *Praxis des PR-Managements Strategien – Instrumente – Anwendung* (S. 429–444). Wiesbaden: Springer.

Bvik. (2015). B2B-Marketing-Budgets 2015 Eine Studie des Bundesverband Industrie Kommunikation e. V. Bvik, Augsburg. www.bvik.org/de/index/studie.htm.

Clausen, E. (2016). *Digitale Transformation – So revolutionieren Sie Ihre Leadgenerierung: auf Messeerfolg programmiert.* Hamburg: Tradition Gmbh.

Court, D. et al. (2009). The consumer decision journey, *McKinsey Quarterly, 62*009, 96–107.

Danne, S. (2015). *Love Brands, Communiting – Marketing 4.0 – SSP.* München: Linde.

Diercks, J., & Kupka, K. (2013). *Recruitainment, spielerische Ansätze in Personalmarketing und –auswahl.* Wiesbaden: Linde.

Digital Media/BVMW Metropolregion. (2016). *Digitales Marketing im Mittelstand Eine Umfrage von Kontor Digital Media in Kooperation mit dem Bundesverband mittelständische Wirtschaft (BVMW) Metropolregion.* Hamburg: Kontor Digital Media GmbH.

ECC/Hermes. (2013). *Erfolgsfaktoren im E-Commerce – Deutschlands Top Online-Shops* (Bd. 2). Köln: IFH Institut für Handelsforschung GmbH.

ECC/IFH. (2015). *Einkaufserlebnisse über alle Kanäle – Erfolgskriterien und Auswirkungen; Eine Kurzstudie des ECC Köln in Zusammenarbeit mit CoreMedia AG, IBM Deutschland GmbH und T-Systems Multimedia Solutions GmbH.* Hamburg: IFH Institut für Handelsforschung.

ECC/Prudsys. (2011). *Produktempfehlungen als Erfolgsfaktor im Online-Handel – Aktuelle Studienergebnisse und Handlungsempfehlungen.* Köln: IFH Institut für Handelsforschung.

Edelman. (2014a). Edelman trust barometer, family owned enterprise supplement, November 2014, Germany report. Hamburg: Edelman.

Edelman. (2014b). Markenstudie Brandshare 2014: Bindungswilliger Konsument sucht Marke, die ihn wertschätzt. Hamburg: Edelman.

Eichsteller, et al. (2015). *zu klein, zu hässlich, zu uninteressant – Studie zu Employer Branding und Produktreputation Online-Expertenbefragung Sommer 2015.* Stuttgart: Hochschule der Medien (HdM).

Erbacher, C. E. (2010). *Grundzüge der Verhandlungsführung.* Zürich: vdf Hochschulvlg, S. 19.

Even, H. J. (2015). Anforderungen an die Website von morgen. http://www.contentmanager.de/cms/enterprise-cms/anforderungen-an-die-websitevon-morgen/.

Förster, A., & Kreuz, P. (2003). *Marketing-Trends: Ideen und Konzepte für Ihren Markterfolg.* Wiesbaden: Gabler.

Fraunhofer Institut IPA. (2014). Einsatz und Nutzenpotenziale von Data Mining in Produktionsunternehmen, Fraunhofer-Institut für Produktionstechnik und Automatisierung. http://www.ipa.fraunhofer.de/fileadmin/user_upload/Publikationen/Studien/Studientexte/Studie_DataMininginProduktionsunternehmen.pdf.

Fuchs, W., & Unger, F. (2014). *Management der Marketing-Kommunikation.* Wiesbaden: Springer.

Göb, J. (2009). *Marketing Intelligence – Wissen als Entscheidungsgrundlage im Marketing.* Wiesbaden: Gabler.

Goeldner, C. R. (1964). Automation in marketing. *European Journal of Marketing, 26*(1), 53–56.

Goldmedia. (2013). *Location-based Services Monitor 2014; Angebote, Nutzung und lokale Werbemarktpotenziale ortsbezogener, mobiler Dienste in Deutschland (Gesamtstudie)im Auftrag der Bayerischen Landeszentrale für neue Medien (BLM)*. Berlin: Goldmedia GmbH.

Greve, G., Hopf, G., & Bauer, C. (2011). Einführung in das Online-Targeting. In C. Bauer, G. Greve, & G. Hopf (Hrsg.), *Online Targeting und Controlling, Grundlagen, Anwendungsfelder, Praxisbeispiele* (S. 3–22). Wiesbaden: Gabler.

Grönroos, C. (1994). Marketing mix to relationship marketing: Towards a paradigm shift in marketing. *Management Decision, 32*(2), 4–20.

Gröppel-Klein, A. (2006). Point-of-Sale-Marketing. In Zentes (Hrsg.), *Handbuch Handel* (S. 674–692). Wiesbaden: Springer.

Gröppel-Klein, A. (2009). Ladengestaltung. In M. Bruhn et al. (Hrsg.), *Unternehmenskommunikation* (S. 327). Wiesbaden: Springer.

Grunig, J. (1996). Das situative Modell exzellenter Public Relations. In G. Bentele, H. Steinmann, A. Zerfaß, et al. (Hrsg.), *Dialogorientierte Unternehmenskommunikation* (S. 199–228). Berlin: Vistas Verlag.

Head, G. W. (1960). What does automation mean to the marketing man? *European Journal of Marketing, 24*(4), 35–37.

Heinemann, G. (2015). *Der neue Online-Handel: Geschäftsmodell und Kanalexzellenz im Digital Commerce*. Wiesbaden: Springer.

Holland, H., & Flocke, L. (2014). Customer-Journey-Analyse – ein neuer Ansatz zur Optimierung des (Online-)Marketing-Mix. In H. Holland (Hrsg.), *Digitales Dialogmarketing Grundlagen, Strategien, Instrumente* (S. 825–856). Wiesbaden: Springer.

Initiative D21/BVH. (2012). *Vertrauen beim Online-Einkauf, Eine Sonderstudie im Rahmen des (N)Onliner-Atlas 2012, TNS Infratest, September 2012*. Deutschland: BVH.

Käuferportal/HWT. (2014). Kundenstudie 2014 – Bauen, Wohnen und Energie: So suchen Kunden nach passenden Anbietern im Internet. Berlin: Beko Käuferportal.

Kirchner, S. (2005). Die strategische Bedeutung des Markennamens. In F.-R. Esch (Hrsg.), *Moderne Markenführung* (S. 587–602). Wiesbaden: Gabler.

Klahold, A. (2009). *Empfehlungssysteme: Recommender Systems – Grundlagen Konzepte und Lösungen*. Wiesbaden: Springer.

Kotler, P., et al. (2010). The prosumer movement – A new challenge for marketers. In B. Blättel-Mink & K.-U. Hellmann (Hrsg.), *Prosumer Revisited: Zur Aktualität einer Debatte* (S. 51–60). Wiesbaden: Springer.

Kotler, P., et al. (2015). *Marketing, Frenchs Forest, NSW*. New Jersey: Pearson Education.

Kotler, P., Kartajaya, H., & Setiawan, I. (2010). *Marketing 3.0: From products to customers to the human spirit*. Hoboken: Wiley.

Kotler, P., Kartajaya, H., & Setiawan, I. (2016). *Marketing 4.0: From products to customers to the human spirit*. Hoboken: Wiley.

Kreutzer, R. T. (2015). *Digitale Revolution, Auswirkungen auf das Marketing*. Wiesbaden: Springer.

Kurt Salmon/HDE. (2014). *Digital auf der Fläche – das neue Einkaufserlebnis*. Düsseldorf: Kurt Salmon.

Lehning, T. (2015). *Marketing – IT/IT – Marketing: Eine Verständigungshilfe*. Würzburg: Vogel Business Media.

Lehr, G. (1997). Entscheidungsprozeß bei der Anmietung von Adressen im Business-Bereich. In H. Dallmer (Hrsg.), *Handbuch Direct Marketing* (S. 467–494). Wiesbaden: Gabler.

Leußer, W., Hippner, H., & Wilde, K. D. (2011). CRM – Grundlagen, Konzepte und Prozesse. In H. Hippner, B. Hubrich, & K. D. Wilde (Hrsg.), *Grundlagen des CRM* (S. 17). Wiesbaden: Gabler.

Lies, J. (2015a). Architektur zentraler Kommunikationsbegriffe. In J. Lies (Hrsg.), *Praxis des PR-Managements Strategien – Instrumente – Anwendung* (S. 2–8). Wiesbaden: Springer.

Lies, J. (2015b). Old School vs. New School der Public Relations. In J. Lies (Hrsg.), *Theorien des PR-Managements Geschichte – Basiswissenschaften – Wirkungsdimensionen* (S. 12–18). Wiesbaden: Springer.

Lies, J. (2015c). integrierte Kommunikation. In J. Lies (Hrsg.), *Praxis des PR-Managements Strategien – Instrumente – Anwendung* (S. 332–340). Wiesbaden: Gabler.

Lies, J. (2015d). Vertrauen und Reputation. In J. Lies (Hrsg.), *Theorien des PR-Managements Geschichte – Basiswissenschaften – Wirkungsdimensionen* (S. 336–339). Wiesbaden: Springer.

Lies, J. (2016). *Kompakt-Lexikon PR*. Wiesbaden: Springer.

Lies, J., & Vaih-Baur, C. (2015). Leistungen der PR-Geschichtsforschung. In J. Lies (Hrsg.), *Theorien des PR-Managements Geschichte – Basiswissenschaften – Wirkungsdimensionen* (S. 44–51). Wiesbaden: Springer.

Mast, C. (2015). *Unternehmenskommunikation, ein Leitfaden*. Konstanz: UTB.

Meffert, H., Burmann, C., & Kirchgeorg, M. (2015). *Marketing – Grundlagen marktorientierter Unternehmensführung Konzepte – Instrumente – Praxisbeispiele*. Wiesbaden: Springer.

Mühlenhoff, M., & Hedel, L. (2014). Internet als Marketinginstrument – werbeorientierte Kommunikationspolitik im digitalen Zeitaltern. In H. Holland (Hrsg.), *digitales Dialogmarketing Grundlagen, Strategien, Instrumente* (S. 517–535). Wiesbaden: Springer.

Opaschowski, H. W. (1995). *Freizeitökonomie: Marketing von Erlebniswelten*. Opladen: Leske + Budrich.

PwC (2012): Der Kunde wird wieder König, Stefanie Rumpff, PricewaterhouseCoopers.

PwC. (2014). *Modern Retail – innovative Handelskonzepte im Fokus*. Deutschland: PwC.

PwC. (2016). *Store 4.0 – Zukunft des stationären Handels*. Deutschland: PwC.

Rentzmann, R. et al. (2011). IT-Unterstützung durch CRM-Systeme. In H. Hippner, B. Hubrich, K.D. Wilde. (Hrsg.), *Grundlagen des CRM* (S. 129–156). Wiesbaden: Springer.

Riesenbeck, H. (2010). Erfolgsfaktoren im Kundenbeziehungsmanagement. In D. Georgi & K. Hadwich (Hrsg.), *Management von Kundenbeziehungen: Perspektiven – Analysen – Strategien* (S. 201–226). Wiesbaden: Gabler.

Roost, F. (2000). *Die Disneyfizierung der Städte: Großprojekte der Entertainmentindustrie am Beispiel des New Yorker Time Square und der Siedlung Celebration in Florida.* Opladen: VS Verlag.

Rudolph, T., Metzler, T., & Emrich, O. (2014). Wie Kunden einkaufen. http://www.harvardbusinessmanager.de/blogs/neue-studie-ueber-einkaufsverhalten-a-991837.html.

Saam, M., Viete, S., & Schiel, S. (2016). Digitalisierung im Mittelstand: Status Quo, aktuelle Entwicklungen und Herausforderungen Forschungsprojekt im Auftrag der KfW Bankengruppe Mannheim. https://www.kfw.de. Zugegriffen: 18. Aug. 2016.

Sabel, H. (1997). Marketing und Produktentwicklung, in: Innovation durch Technik und Organisation, In: Stuttgarter Impulse, Fertigungstechnisches Kolloquium Stuttgart, Tagungsband, Wiesbaden, S. 1.

Sailer, M. (2016). *Die Wirkung von Gamification auf Motivation und Leistung: empirische Studien im Kontext manueller Arbeitsprozesse.* Wiesbaden: Springer.

Schmeißer, D.R., & Schneiderbauer, C. (2010). Sociability als Erfolgsfaktor digitaler Markenführung. *Planung & Analyse,* 2–6 (Sonderdruck).

Schmitt, B. (2009): Customer experience management, In M. Bruhn, F.-R. Esch, & T. Langner (Hrsg.), *Handbuch Kommunikation* (S. 697–711). Wiesbaden: Springer.

Schwertfeger, M. (2012). Einkaufserlebnisse Im Handel: Theoretische Konzeption Und Empirische Analyse. In M. Enke (Hrsg.), *integratives Marketing Wissenstransfer zwischen Theorie und Praxis.* Wiesbaden: Springer.

Sigler, C. (2011). *Online-Medienmanagement: Grundlagen – Konzepte – Herausforderungen.* Wiesbaden: Gabler.

Silverpop. (2013). Marketing nervt und muss sich ändern. http://printarchiv.absatzwirtschaft.de/pdf/Silverpop_Studie_Infografik.pdf. Zugegriffen: 2. Nov. 2015.

Social Trends Studie. (2015). Social Media, Tomorrow Focus. http://www.tomorrow-focusmedia.de/. Zugegriffen: 10. Mai. 2016.

Sohn, S. (2014). Warum Smartphone-Nutzer nicht mobil einkaufen. *Marketing Review St. Gallen, 2014*(5), 32–41.

Telegate. (2011). *Mittelstand und Werbung 2011. Teil 1: Wie digital ist der deutsche Mittelstand?* Planegg-Martinsried: telegate.

Wiswede, G. (2014). *Einführung in die Wirtschaftspsychologie.* Weinheim: UTB GmbH.

Zerfaß, A., Fink, S., & Winkler, L. (2015). *Mittelstandskommunikation 2015 – Studie zum Stellenwert und Einsatz von Unternehmenskommunikation im Mittelstand.* Leipzig: Fink & Fuchs PR.

Zerres, C., Israel, K. (2016). Online-Marketing, Nutzung bei Klein- und mittelständischen Unternehmen, Schriften der Hochschule Offenburg, Nr. 3, Offenburg.

Zipflel, F. (2001). *Fiktion, Fiktivität, Fiktionalität: Analysen zur Fiktion in der Literatur.* Berlin: Schmidt.

Printed in the United States
By Bookmasters